带着兄弟们挣钱

打造最有效率的钢铁团队

辛月◎著

九州出版社
JIUZHOUPRESS

图书在版编目（CIP）数据

带着兄弟们挣钱：打造最有效率的钢铁团队/辛月著．北京：九州出版社，2008.5

ISBN 978-7-80195-870-9

Ⅰ．带…　Ⅱ．辛…　Ⅲ．企业管理－组织管理学　Ⅳ．F272.9

中国版本图书馆 CIP 数据核字（2008）第 068902 号

带着兄弟们挣钱：打造最有效率的钢铁团队

作　者	辛　月　著
出版发行	九州出版社
出 版 人	徐尚定
地　址	北京市西城区阜外大街甲 35 号（100037）
发行电话	（010）68992190/2/3/5/6
网　址	www.jiuzhoupress.com
电子信箱	jiuzhou@jiuzhoupress.com
印　刷	三河市华晨印务有限公司
开　本	787×1092 毫米　1/16 开
印　张	13
字　数	130 千
版　次	2008 年 6 月第 1 版
印　次	2008 年 6 月第 1 版　第 1 次印刷
书　号	ISBN 978-7-80195-870-9/F·133
定　价	26.80 元

前　　言

不让兄弟挣钱的人自己也挣不到钱

狼和狈常常一起去捕捉猎物。狈很聪明，每次他都会想出一些办法，诱使那些肥大的猎物上当，被狼咬死。然后，狼和狈便均分捕获的猎物，饱饱地美餐一顿。

一次，狼和狈一起追赶一头比狼大许多的牛。狈建议把牛往悬崖上赶，这样牛就会因为逃命而坠落到山下摔死。狼这样做了。果然牛因为害怕而坠下了山谷。狼望着那头硕大的牛，起了贪心。他不再想按照合约规定来均分食物了，他想独占这头牛。他非常武断地将食物分成两份，毫不客气地说："这第一份食物是属于我的，因为我身体比你强壮，比你跑得快，我在这次捕猎中贡献最大，你没有反对意见吧？至于第二份嘛，我们两个可以通过公平竞争来决定归属。不过你比较聪明，你应该知道竞争的后果。如果你不立刻从我的眼前消失，恐怕你将会成为我的第三份晚餐！"

结果这次晚餐成了狼最后一次丰盛的晚餐，自从他把与自己合作的兄弟——狈赶跑之后，再也不容易找到丰盛的食物了。

财富不是兄弟，而兄弟却是财富。不让兄弟挣钱的人自己也挣不到钱。法国企业界有一句名言："爱你的员工吧，他会百倍地爱你的企业。"在这里我要告诉大家，你让兄弟们挣钱，兄弟们就会让你挣到更多的钱。**让兄弟们挣钱，是带头大哥（企业领导）和兄弟（员工）合作的基础，如果带头大哥只顾个人眼前的利益，不仅会侵害兄弟们的利益，而且也会损害自己的长远利益。**

商海茫茫，何处是岸？

在波浪汹涌、瞬息万变的商海中，没有谁能够凭借一己之力而独得上天的厚爱，博得亿万家产、功成名就的。

随着市场经济的进一步发展，没有谁能够仅仅靠着自己的单打独斗就取得卓尔不群的成就。在经济全球化时代，你死我活、尔虞我诈的商场斗争模式，必将成为历史的陈迹。商场中的许多案例证明，那些成功的大企业家、大商人，都是善于合作、化干戈为玉帛、化对手为朋友、化竞争为竞合的高手。阿里巴巴之所以能够发展到今天，巨人之所以能够咸鱼翻身，就是因为马云有十八罗汉，史玉柱有四个火枪手。离开了这些患难与共的兄弟们，阿里巴巴和巨人也许和许多小企业一样不名一文或者早已经人间蒸发了。

著名管理专家张建华认为合作与创新、敬业是企业家精神的三个主要组成部分。而有着超人之称的李嘉诚则说："要照顾对方的利益，这样人家才愿与你合作，并希望下一次合作。"俗话说："一个篱笆三个桩，一个好汉三个帮。""在家靠父母，出门靠朋友。"商场上，人缘和朋友显得尤其重要。可以毫不夸张地说，一个大企业就像一个大家庭，每一个员工都是家庭的一分子。就凭他们对整个家庭的巨大贡献，他们也实在应该取其所得。反过来说，是员工养活了整个公司，公司应该多感谢他们才对。

著名NBA球星迈克尔·乔丹曾说过一句名言：“一名伟大的球星最突出的能力就是让周围的队友变得更好。”乔丹能够取得骄人的成就，离不开公牛铁三角的其他两位——皮蓬和罗德曼相得益彰的配合。这个时代是一个合作制胜的时代。只有你与你的兄弟合作，让你的兄弟们挣钱，你才能够打造出一支高效率的钢铁团队，你才能够变得更加出色，为自己也为企业赢得发展。

2007年7月28日，马云宣布阿里巴巴B2B业务将启动上市程序。有人预测阿里巴巴在香港上市的融资额可能达到10亿美元，创下中国互联网企业境外上市融资的纪录，而多年来跟着马云打拼的创业团队也将成为另一个百万甚至千万富翁的生产基地。阿里巴巴的另一位高管崔仁辅表态，团队中有65%的员工拥有公司期权，“世界上没有别的公司有这样的事情”，按照阿里巴巴现有7000名员工计算，能分享财富盛宴的员工超过4500人。

有钱大家赚已经逐步成为一种潮流，因为没有任何人在自己赚钱的时候能够不让别人赚钱。

随着商业社会的迅速发展，已经有更多的企业领导开始让企业财富逐步社会化。特别是一些富有远见的企业已经着手致力于实现企业内部的利益共享。比如美国西方石油公司主席兼首席行政官雷·伊拉尼2006年的年薪超过4亿美元，足以抵得上一个中型企业，成为全球打工皇帝。苏宁集团董事长兼总裁张近东号称要制造1000个千万富翁，在2007年5月股市高峰期，苏宁的一位女性股东即套现6亿多元的巨资；在蒙牛，牛根生大力倡导的“财散人聚，财聚人散”理念深入人心；一向以分权著称的TCL更是造就了袁信成、郑传烈和吕忠丽三位亿万富翁和杨伟强、万明坚、吴士宏等一大批的千万富翁……

伴随着利益共享而来的是制度的高度民主，这已经成为所有企业的一种发展趋势，并且最终会深深地影响社会的进步和发展。**英雄时代已经过去，因为英雄只能够改变自己，只有大家的精诚合作才能够改变世界。**在任何时候世界的进步和发展都不是由一个人创造的，而是大家共同努力的结果。这是一个团队制胜的时代。

管理学家彼得·德鲁克曾经说过：“现代企业不仅仅是老板和下属的企业，而应该是一个团队。”松下幸之助也曾经说过：“管理企业就是管理人。”所以企业之间的竞争，说到底就是人的竞争。作为一个领导者，如果仅仅是“我要挣钱”、“我要成功”，将会越来越不能适应当前日渐激烈的商战。只有强调“我们一起挣钱”、“我们一起成功”，才能打造一支最有效率的钢铁团队，使自己的企业立于不败之地。

所以那些想获得成功、想挣大钱的老板们，不要掉进钱眼里，只顾自己挣钱。因为要发展企业还有比自己挣钱更重要的事，那就是在任何时候都不要忘记与自己患难与共的兄弟们，要和兄弟们共享企业发展的成果，要让跟随自己打拼的兄弟们一起挣钱，而不是只在自己需要帮助的时候想着他们。因为只有让兄弟们挣到了钱，兄弟们才会心甘情愿地跟随你，才会努力为你和企业挣更多的钱！

辛　月

2008年6月

目　录

一、真正有能耐的是带着一批人挣钱

财富的本意是帮助别人赚钱。马云说：“阿里巴巴的初衷是，帮助更多的人赚到钱——这才是阿里巴巴为社会所创造的真正价值。”

二、对待兄弟们不放弃、不抛弃

《士兵突击》火了，其给人们印象最深的就是钢七连的那一句连训：不抛弃，不放弃。这句话既讲了对目标的追求，也讲了对和自己并肩作战的兄弟们的原则。是兄弟，就应该一起冲向终点，但不会因为自己而拖累兄弟，不会因为兄弟的困难而抛弃他们；既要和兄弟们一起闯刀山、跨火海，还要和兄弟们一起分享成功的喜悦。

三、学习人杰好榜样——当大哥就应该这样做

当大哥的，就应该有当大哥的样子。大哥应该是什么样？是责任，是牵挂，是关爱，是呵护，是奉献，是宽容，是扶持，是教导……牛根生、柳传志、马云、杰克·韦尔奇这些成功的企业家已经用他们的实际行动告诉了我们。

四、钱是大家的，威信是自己的

一碗米养个恩人，一斗米养个仇人。在这个商品经济时代，虽然金钱在社会中发挥了很大的作用，但是也有无可奈何的时候。比如：钱可以买来补药，但买不来健康；钱可以买来学历，但买不来修养；钱可以买来走狗，但买不来朋友；钱可以买来名气，但买不来声誉；钱可以买来权势，但买不来威信……

五、坐椅子、分银子、给面子——做大做强要过三关

许多民营企业在创业的时候都是效仿梁山好汉，几个非常讲江湖义气的兄弟为了一个共同的目标聚集在了一起。然而要想把企业做大做强就要过“坐椅子、分银子、给面子”三关。做事业不能仅仅依靠朋友、兄弟之间的情谊，还要确立一种固若金汤的规则。梁山好汉的悲惨下场是必然的，他们最大的失败是用友情作为维系事业的纽带。因此，一个好的企业最重要的是能够长久地留住兄弟们的心。

一、真正有能耐的是带着一批人挣钱

财富的本意是帮助别人赚钱。

马云说："阿里巴巴的初衷是，帮助更多的人赚到钱——这才是阿里巴巴为社会所创造的真正价值。"

1. 聪明的人让他人先挣钱

没有人能够坐拥天下的所有财富。既然如此，我们又何必斤斤计较于个人收入的丰厚与微薄呢？只要能够做到公正、公平，让跟随自己的兄弟们挣钱，让兄弟们快乐地工作，从而为我们的企业挣更多的钱，我们何乐而不为呢？

自私不会快乐

一位虔诚的教徒希望能够让自己生活得更好，于是他找到先知伊里亚，让他带自己去天堂。伊里亚带着他穿过一条黑暗的通道，来到一座挤满了人的大厅。大厅的中央支着一口盛满了美味的大铁锅，散发着令人垂涎三尺的香气。大锅周围挤着一群两腮凹进、带着饥饿目光的人，他们都在设法用勺子去舀一份汤喝。但是那勺子太长太重，饥饿的人们没有谁能够用勺子喝到汤。有些人在用力搅拌，汤溅出来烫伤了身边的人。于是大家争吵起来，甚至挥舞着长勺子大打出手。先知伊里亚对那位教徒说："这就是地狱。"

他们又进入隔壁的房间。这里也放着一大锅热汤，这里的勺子同样又长又重，但这里的人们一个个红光满面。原来这些人能够互相帮助，都在用勺子舀汤给自己的同伴喝。如果一个人拿不动那汤勺，就会有人和他一起举着勺子去舀汤。因此这里的每个人都能够喝到汤。先知伊里亚对身边的那位教徒说："这就是天堂。"

自私不会快乐。心胸狭隘的自私鬼之所以喝不到美味的汤，是因为他们不懂得与别人分享。正是因为不懂得分享才使他们失去了那些唾手可得的利益，虽然身处的环境与天堂完全一样，但是只能遭受地狱般的折磨。

其实我们身边的很多人都或多或少地会表现出一些自私的弱点：前天因为同事请客的饭店菜难吃而感到很不愉快；常常会打断别人的话，自己则口若悬河；遇到集体公益活动，如去养老院义务劳动，总是找个理由脱身；跟朋友一起吃饭时，总是假装没带够钱；昨天又因为车位跟别人发生了争执；通常很少愿意和别人分享自己的食物，哪怕是最便宜的薯片；非常反感一个经常想向自己借东西的朋友或同事；总是希望爱人下班后早点回家做饭；总是怕来家做客的同事看到自己珍藏多年的红酒……

其实，这些都是非常小的事情。然而就是由于自私的我们过于关注自己在这些芝麻大的小事上的得失，使得我们常常会在遇到关键的、困难的大事时失去了别人必要的支持和帮助。因此我们每一个人都必须知道：如果没有别人的帮助，我们就喝不到最甜美的汤。一个人只想着自己的那份，他也就永远只能有自己的那份。

李嘉诚之所以能够把做塑料花的小企业发展成今天的数百亿美元资产的国际企业帝国，就是因为他坚守着"利益共享是做生意的准则”这一观念。如今他统领着长江实业、和黄集团、香港电灯、长江基建等四家上市公司，业务遍及各行各业，如地产、港口货运、超级市场、基建、电讯、酒店、保险、水泥、电力、网络等范围。李嘉诚本人也荣列世界富豪榜第10位，成为有史以来华人最杰出的企业家之一。这一切，使他赢得了“超人”的美誉。李嘉诚认为有钱大家赚，利润大家分享，这样才有人愿意与你合作。他说：“假如拿10%的股份是公正的，拿11%也可以，但是如果只拿9%的股份，就会财源滚滚来。”正是这种思想，使得李嘉诚即使是几个利益方中最弱势的一个，也能够从顺水推舟的人情中名利双收。

因此你要成为有钱人，就要像绿叶那样默默无闻、无私奉献，把美丽让给花朵、把成材让给枝干、把成功让给果实。因为把成功让给别人的人反而能够更加容易地取得更大的成功。可是这却需要你战胜自己心中的贪欲，但是不断地与自己的欲望作战是件痛苦的事。

那些能够成就伟业的企业家不仅善于将成功归给他人，让他人享受成功的喜悦，也乐意将成功的机会留给他人，并帮助他人取得更大的成功。

SAP是五个前IBM职员于1972年在德国曼海姆建立的公司。为了更好地维护自己的“生态网络”，SAP一直坚持其软件厂商的位置。SAP将R/3软件所创造的80%的收入留给合作伙伴，而自己仅仅留下收入的20%。同时SAP还把不断增长的咨询业务交给了外部的合作伙伴。据麦肯锡公司调查发现，尽管从收入上看SAP自己的咨询业务并没有太大增长，但是由于大家的一起努力，市场整体容量却大大提高了。SAP之所以这么做，是因为认识到有了合作伙伴的良好配合会更加有利于自身的发展。首先，合作伙伴策略使SAP避免了事必躬亲，在许多方面都节省了大量的人力资源，从而能够使得自己完全集中力量进行企业经营软件的开发。1997年，全世界有大约2万个独立的SAP软件技术顾问，远远多于SAP的内部雇员。其次，这些合作伙伴成为了SAP软件产品最重要的销售渠道。许多咨询公司都会建议自己的客户采用SAP软件，这使得SAP在1993年到1997年间以每年平均53%的市场增长速度迅速地确立了自己在企业应用软件市场的全球经营地位，从而成为了全球最大的协同商务软件公司和第四大独立软件供应商。

有奉献才有快乐！别人的快乐也是自己的快乐！让那些跟随自己的兄弟们挣钱，让兄弟们快乐，兄弟们则会以百倍的努力工作来回报你，以企业的迅速发展来回馈你！

只有利他，才能利己

《道德经·七章》说："天长地久，天地所以能长且久者，以其不自生，故能长生；是以圣人后其身而身先，外其身而身存。非以其无私邪？故能成其私。"

中国古代思想家老子认为，人所以外其身和后其身，则完全是为了取法天地，认为天地就是这样取得长生的。因为必须后其身和外其身，也就是要不自生，然后才能够做到身先和身存。而身先与身存就是长生之道。

鸟、昆虫、鱼、鲸等许多动物都具有群居习性。它们在活动的时候总是集结而出，觅食时一般成群结队。这些集体中的成员通常属于同一物种，但也有一些例外的情况。人们也常常会看到斑马和角马混在一起活动，属于不同物种的鸟类聚集成群。原因是群居生活可以为每一个个体带来各种各样的好处。许多动物的群居生活都是遵循了“于人方便，于己方便”的原则。一些动物可以从群居生活的交往中得到较多的好处，却为之付出较少的代价：成群的鬣狗往往能够捕捉到比它们单独活动时大得多的野兽；某些蜘蛛为了捕获更多的食物也会齐心协力共同织造一张巨大的蜘蛛网；企鹅们常常是紧紧地挤在一起，因为这样每只企鹅暴露在外界的身体表面要比自己独处时小得多，从而可以获得温暖；鱼类成群结队的一起游，是由于游在后面的鱼可以因为前面的鱼所激起的湍流而减少水的阻力……

孔子曰：大道之行也天下为公，选贤与能讲信修睦，故人不独亲其亲，不独子其子。也就是告诉人们要亲爱自己的父母，必先博爱；就不敢对他人的父母有一点的厌恶。要恭敬自己的父母，必须广敬；就不敢对他人的父母有一毫的怠慢。其实生活中除了要关爱自己的父母子女以及他们的同龄人之外，也要善待周围所有的人。因为我们的每一个微笑，每一份关怀，都不会被对方忘记，都会获得数倍的回报。

19世纪90年代的一天，正在耕作的农夫弗莱明发现沼泽地里有一个少年正挣扎着喊救命。弗莱明急忙用手把那个少年拉出了沼泽地。

第二天，少年的父亲若道夫勋爵携带重金来向弗莱明致谢，但弗莱明执意不受。当若道夫勋爵得知弗莱明的儿子因为贫穷无法上学的时候，便恳切地请求，让他支付这个孩子的学费，供其上学。

农夫弗莱明的孩子后来受到良好的教育，成为一位举世闻名的细菌学家，他就是亚历山大·弗莱明。

而若道夫勋爵的儿子长大后则成为了英国首相，他就是温斯顿·丘吉尔。后来，丘吉尔不幸患了肺炎，生命垂危。当时的医生为丘吉尔使用了最新研制的药物青霉素，丘吉尔因此而脱离了死亡的危险。而青霉素的发明者就是亚历山大·弗莱明。

丘吉尔的父亲若道夫勋爵做梦也没有想到自己帮助农夫儿子的善举竟再次救了自己儿子一命。

帮助别人的人也会得到别人的帮助，而那些处处为自己着想的人则会成为真正的孤家寡人，他们会因为自己的自私而得不到别人的同情和帮助，甚至会为此付出生命的代价。

驴和狗一同跟着主人赶路。路上休息时，主人坐在路边睡着了。驴子则停下来吃着路边的野草，而狗却饿得难受，只好恳求驴子："朋友，装食物的袋子就在你的背上，请你蹲下来，让我吃一点儿东西。"驴子一边吃草，一边对狗说："你不要着急，等主人醒了自然会拿食物给你吃的。"这时，远处跑来了一只狼。胆小的驴子连忙向狗求救，狗却说："朋友，不要着急，等主人醒了自然会救你的。"就在这时，狼已经扑上来，把驴子咬死了。

那些平时不肯帮助别人的人在遇到危险时，也不会有人愿意帮助他。因此那些蝇营狗苟为自己谋利益、为儿女谋利益的人不管他口头上说得多好都没用，他想要留名千古更是不可能的。就像杜甫说的那样："尔曹身与名俱灭，不废江河万古流。"等到身死，甚至还不曾身死，就已经腐朽了。相反，如果你能够无为于身，越谦退礼让，别人就越把你推前。所以从客观上来看却能够做到以退为进。**菩萨接受供养，是因其毕生奉献。"无私者，无为于身也。身先身存，故曰能成其私也。"**也有人说，老子是厚黑学之祖，表面上说要无私，事实上却是为了私我。后其身、外其身的意思就是谦让、无私，以谦让无私最终达到自己的目的。同样，我们说让兄弟们挣钱，或者带着兄弟们挣钱，并不是自己不想挣钱。先让兄弟们挣钱，自己再挣钱，这就是老子所说的"是以圣人后其身而身先，外其身而身存。非以其无私邪？故能成其私"。

附：

自私指数检测

人生在世，懂得并且能够为自己谋利不仅是出于自我保护和生存的需要，也是一种前进的动力。但是如果为自己谋利，一旦失去了社会道德的约束，就会发展成无可救药的极度自私。你是否是一个自私的人呢？请做一下测试，自然会有答案。

1. 这个月你花光了所有的工资是因为：

a）你买下了心慕已久的风衣。

b）和同事吃饭你常常抢着埋单。

c）出差时为家人和朋友买了许多礼物。

2. 你的妻子懂得怎样做饭吗？

a）这是一个妻子最基本的本领。

b）她很少烧菜，但有时也会做一些。

c）她甚至连土豆丝都不会切！

3. 你是怎样度过“五一”长假的呢？

a）抽一天时间叫上好友一起去蒸桑拿或者打高尔夫，喝下午茶，晚饭后去影院看电影。剩下的时间则在家休息。

b）和家人一起去旅游。

c）先完成自己最想做的事情。

4. 如果你要外出度假，你会和谁一起同行呢？

a）和好朋友一起，不带妻子。

b）和妻子一起，不带孩子。

c）一个人去，只带上宠物狗。

5. 你的好朋友做生意，赔了。他凌晨1点时打电话给你，你会对他说：

a）“我们明天早上再聊吧。”

b）“做生意有风险，下一次一定要接受教训！”

c）“没有关系，我支持你，你还有机会东山再起！”

6. 周末，你想在家休息，但是妻子却坚持要你陪她一起去购物，你会怎么做？

a）告诉她：“我太累了，你自己去吧。”

b）你陪她买完东西，然后躺在沙发上休息。

c）你和她一起购物，然后回来一起做晚餐。

7. 你最忍受不了的缺点是：

a）小气。

b）自大。

c）懒惰。

8. 你收到了一笔稿费，想给她买个最新功能的手机作生日礼物，但是却用这些钱为自己买下了一条名牌皮带：

a）你想办法安慰自己。

b）向妻子保证下一笔稿费一定为她买礼物。

c）第二天就悄悄把皮带退了。

9. 收拾食品盒时，你发现家里只剩下了两块蛋黄派：

a）你立即把它们全吞了下去。

b）你吃一块，给妻子留一块。

c）你马上到超市又买了些巧克力和其他零食。

10. 你最喜欢的娱乐是：

a）躺在沙发上看武打片。

b）去洗个桑拿。

c）和妻子一起去公园。

自测结果：

a项最多：自私指数偏高。你非常了解自己需要什么，具有超强的自我保护意识。切忌让“利己”的心理继续膨胀，否则会作出一些损人利己的事情，引起周围人的仇恨和不满。

b项最多：自私指数中等。你具有正常的自我保护意识。你认为凡事都可以分享，只要不影响自己的利益。你在工作生活中很受欢迎。可是如果你想在事业上有所发展，还需要增强自我争取心，为自己赢得更多的成功机会。

c项最多：自私指数偏低。你不懂得为自己谋利。但是你的牺牲并不会总是得到人们的认可。有时你的过分为别人牺牲反而会让人觉得拘束。因此你只要在别人需要你的时候能够适时地给予你的温暖和帮助就可以了。

2. 水涨船高，人抬人高

清朝末年的红顶商人胡雪岩说过，为官与经商的道理是一样的，水涨船高，人抬人高，只有这样生意才做得好，官才做得顺。

拆别人的台，就是拆自己的台

三只老鼠发现了一只装着油的油缸。可是油太少，它们根本喝不到油，急得团团转。最后它们决定一只老鼠咬着另一只老鼠的尾巴，吊下缸底去喝油。然后大家轮流喝油。

第一只老鼠最先吊下去喝油了。它想，油太少了，不如自己先喝个饱。吊在中间的第二只老鼠也在想，油太少了，千万别让第一只喝光了，干脆我跳下去先喝为快。待在最上面的第三只老鼠则在想，油太少了，等它们喝饱了，哪里还有我的份？倒不如把他们放了，自己先下去喝。

于是，第二只老鼠放开了第一只老鼠的尾巴，第三只老鼠也放开了第二只老鼠的尾巴，三只老鼠争先恐后地跳到了缸底。大家都喝得肚子滚瓜溜圆，非常开心。而等大家喝饱了油，想要跳出油缸时，才发现缸深脚滑，根本出不去。最终三只老鼠都饿死在油缸里。

人与人之间应该互相帮助，千万不能互相拆台，否则双方都会倒霉。但是自私是人性中的劣根性，特别是在利害得失面前，自私会使得自己不惜损害别人的利益来满足自己的利益。可是从管理的角度和效果来看，由自私所造成的结果必然是“损人不利己”。一个真正懂得管理艺术的人知道，“你好，我也好；你挣钱，我也挣钱”才是管理的最终目的。只有秉持“双赢”的精神，才能够促进双方合作和交往的顺利进行，同时也会创造新的商机。更为重要的是，让别人挣钱，让别人好，自己也未必会损失；让自己挣钱，让自己好，但是要尽量不要给别人带来伤害和损失。这样一来，不管是管理层与被管理层，公司与公司，还是个人与个人，都会获得非常愉快的成功，就会形成一种多赢的局面。

许多人活一辈子都不会想到，自己在帮助别人时，其实就等于帮助自己。因为一个人在帮助别人时，无形之中就已经投资了感情。别人对于你的帮助会永远牢记在心。相反，你在别人需要帮助的时候却视而不见，甚至像那故事中的老鼠一样彼此拆台，那么你就会使自己陷入非常危险的境地。**拆别人的台，就是拆自己的台。当别人需要帮助的时候，如果你装聋作哑或者背后捅上一刀，到后来你有了危险，别人也会用同样的态度来对待你。**

因此，人们在工作和生活中要相互帮助，而不要相互拆台，要彼此之间加强沟通，增进团结，合力做好各项工作。团结是力量，团结是生产力。只有加强团结，才能够心往一处想，劲往一处使。大家同在企业这一条船上，就要休戚与共，就要顾全大局，以企业整体的利益为重。企业领导要率先垂范，做好表率。企业成员相互之间要多联系、多沟通、多协调，少猜疑、少指责、少说怪话，要相互“补台”，而不要“拆台”，切实做到不利于团结的话不说，不利于团结的事不做，精诚团结，奋发图强，合心合力做好企业的各项工作。

一个篱笆三个桩，一个好汉三个帮

三个和尚没水喝的故事告诉我们，那些自私自利、平时以自己为中心、在团队中不知团结且懒惰之人必然很难取得成功。

其实想改变这种状况不难，只要彼此合作，建立一种三个人轮流值班挑水的制度问题就全部解决了。只要团结合作、齐心协力，就没有做不好的事。

常言道，一个篱笆三个桩，一个好汉三个帮，大石头要小石头塞。古今中外，那些成就一番事业的人都少不了自己兄弟们的支持和帮助。

汉武帝刘彻之所以能够把西汉帝国建设成为当时最强盛的帝国，这是因为他获得了众多文臣武将的大力帮助的结果。刘彻九岁就被封为太子，虽然皇太后窦氏独揽朝廷大权，但是陪伴太子读书的张汤、李陵、灌夫和郭舍人都给了他许多的支持和关心。由于刘彻与人为善，他还经常得到东方朔的热心指点，还有马夫卫青和老将李广的帮助。在他们的帮助下，刘彻顺利登基，并且逐渐地在朝廷中树立了自己的权威。后来张汤掌管廷尉府，卫青升任御林军总督，正是在这些文臣武将的大力帮助下，汉武帝创下了辉煌的业绩，先平定了淮南王造反，后灭了窦氏集团，再废令汉朝耻辱的和亲政策，从而开创了西汉帝国的繁荣时代。

没有显赫的学历和家世背景的许仁旭从彰化县鹿港小镇只身到竹科闯荡。最初他在台积电做业务，如今却身兼凌航科技等十几家科技公司的董事长。许仁旭在谈及自己是怎样取得如此显赫的成就时说：“凭我这样的学历，要进台积电，或任何一家科技公司做业务都是不容易的。这一切都是靠朋友帮忙介绍的。”他还说：“我的成功都是靠朋友。朋友越聚越多，机会也越来越多。”

能够得到兄弟们的支持是许多成功人士成功的一个重要原因。因此我们要获得成功，只有处理好自己与周围兄弟们的关系才能取得丰富的财富资源。

美国前总统西奥多·罗斯福常说：“成功的第一要素是懂得如何搞好人际关系。”有关机构曾在2000多家企业做过一项调查，有三分之二的企业在解释解雇员工的原因时是“因为他们和同事搞不好关系”。

如果一个人无法处理好自己与周围人们的关系，特别是与自己一同工作、一起打拼的兄弟们的关系，即使他再有知识，再有技能，也很难得到施展的空间。人们在生活或者工作中体会到人际关系的重要性：如果你没有比较广泛的人际关系，当你找工作、寻找顾客、申请经营许可、雇员工时就会遇到很多困难。因为无论你多么聪明，多么有才华，你都无法只依靠自己就可以做好每件事情。美国商界曾经做过一项领导能力调查，结果显示：

（1）管理人员的时间平均有四分之三花在处理人际关系上；

（2）大部分公司的最大开支用在人力资源上；

（3）所定计划能否有效执行，其关键在于人。

由此可见，无论我们从事什么工作，都不要忽视最重要的财富——人。因此协调好与自己兄弟们的关系，并且获得兄弟们的鼎力相助，对于我们个人的成长和事业的发展至关重要。

人心齐，泰山移；一个好汉三个帮。作为企业的领导，只有和自己的兄弟们齐心协力才能够做大事。大家也许读过《克雷洛夫寓言》中的“天鹅、梭鱼和大虾”这个故事。本来是一件很轻的行李，可是天鹅一个劲地往天上飞，大虾却使劲往后退，而梭鱼却一心往水里钻。虽然大家每个人都使劲了，但行李还是纹丝不动。可见如果人心不齐，那么什么事情也做不成，所以劲要往一块使，因为这样才能作出一番惊天动地的大事业！

一位人力资源专家曾经说过：“现在年轻人在职场中普遍表现出的自负与自傲，使他们在融入工作环境方面变得缓慢和困难。这是因为他们缺乏团队合作精神，项目都是自己做，不愿和同事们一起想办法，每个人都会作出不同的结果，最后对公司一点用也没有。这样做怎么可能作出好的成绩来呢？”

再看看周围的人们，合伙开公司，刚有点起色就闹分家；给老板打工的，刚熟悉点业务就要自立门户。这就是因为他们不懂得“一个好汉三个帮”的道理，心中只有自己的利益。因此很多人做事情，先是抱着极大的希望期待成功，然而失败后就怨天尤人，互相拆台，以致容忍不了同伴的失误，同时也看不惯别人的成功。也许，这就是大多数人失败的主要原因吧。

秦朝末年，项羽和刘邦争霸天下。论单打独斗，项羽有以一当十之勇，刘邦根本就不是他的对手。可是随着项羽在战争中的不断胜利，本来就不懂得与别人合作的他变得越来越刚愎自用，不肯听信任何人的忠言。与此同时，刘邦的势力却越来越大。最终，项羽被刘邦围困，自刎于乌江岸边。到死他都没有弄明白，自己为什么会败给刘邦。项羽在死前还向天呐喊："此天亡我也，非战之罪也。"论本领，刘邦比不上什么事都能运筹帷幄的张良，也比不上懂得治理国家、安抚百姓的萧何，更比不上战无不胜、攻无不克的韩信，但是他却战胜了"力拔山兮气盖世"的项羽！原因就是因为刘邦能将众人的力量结合起来，他知道，只有团结起来才能取得胜利。

俗话说："水涨船高，人抬人高。"每一个成功人物，都依托着一个成功的团队。英雄的事业是靠众人的力量成就的。想获得成功，你就应该摒弃"独行侠"的思想，树立齐心协力的合作意识。只有把自己融入到团队中，你才能取得更大的成功。

花花轿儿人抬人——共赢、多赢

职场问题专家孙虹钢认为，花花轿儿人抬人——胡雪岩的这句话，相当有价值。其实在职场上每个人都在塑造、维护自己的职业品牌，也需要互相借势来提升个人价值。这是因为人与人之间离不开相互维护、相互帮衬。人抬人，人帮人，人要办的事才会顺利，人的事业才会发达。唯一需要注意的是：选择适合的人。

当年，王有龄还是个进京赶考连盘缠都没有的落魄书生，但是胡雪岩却眼光远大，资助王有龄做了湖州知府。这样一来，胡雪岩就可以实施钱庄代为打理府库银两的计划了。但是，打理府库银两打通钱谷师爷这一关也十分关键。因为旧时州县衙门的师爷名义上是州县的幕友，但由于这些人都师承有自，见多识广，向来独立办事，不受东家干涉。那些专断的师爷甚至连州县老爷都置之不理。胡雪岩和王有龄为了笼络师爷演了一出“花花轿儿人抬人”的双簧。端午时，王有龄署理湖州。胡雪岩以王有龄的名义为到湖州上任的刑名、钱谷两位师爷送去过节所需的钱物。而当这两位师爷拜谢王有龄时，王有龄却说这原是胡雪岩的心意。这一来，师爷不仅要感谢胡雪岩，也明白了王有龄的用意。如此一来，虽然只做了一件好事，交情却落了两处。胡雪岩和王有龄的一帮一衬不过言辞之间，却使得极巧。其实，这出双簧胡雪岩和王有龄并没有协商，但是深谙“花花轿儿人抬人”的相互帮衬之道的他们都不约而同地去做了。

许多时候，人与人之间相互帮衬往往不在于你出了多大力，花了多少银子，而在于你是否用心，是否真的时刻在为自己周围的人们着想。因为人与人之间的互相帮衬更多的时候仅仅是一些惠而不费的小节，就像王有龄、胡雪岩演的那出双簧，也不过就是一句话的事情。然而只要我们时时处处都能够帮助别人，别人也就会帮助我们自己，做起事来往往能够事半功倍。

当香港决定与美国华特迪士尼合作建造一座迪士尼乐园时，华特迪士尼决定再度与老伙伴柯达合作，以保留与欧美一样的原汁原味的迪士尼乐园。根据双方协议，柯达成为香港迪士尼乐园独家影像产品与服务供货商，为香港迪士尼乐园“幻想世界”内“梦想花园”观景亭提供赞助。在迪士尼的观景亭内，人们可以看到身着唐老鸭、白雪公主、灰姑娘等迪士尼卡通人物服装的演员与游客近距离接触，并拍照留念。此外在整个迪士尼乐园内，穿着白衣黑裤的柯达专职驻园数码相片摄影师在多个景点为游客拍照留念。显然华特迪士尼和柯达的合作是珠联璧合。因为迪士尼乐园给了柯达一个展示形象并服务客户的大好机会，而柯达的赞助为迪士尼乐园带来了更加丰富多彩的活动。游客们在与亲友欣赏在迪士尼乐园的留影时，更广泛地传播了迪士尼乐园的品牌形象。因此华特迪士尼和柯达双方都在这一战略联盟中实现了共赢和多赢。

河北大午集团董事长孙大午的理想是建一座“大午城”，农民兄弟们在里面幸福地生活。几年间，有几千位大午集团职工及亲友、附近村民把钱存在了大午集团，最多的单项存款达到了40余万元，总金额上亿元。存款到期后除本金外，集团还另支付3.3%的年利息，且不扣除利息税，相当于当时存款基准利率的2倍。大午集团一直信守存款承诺，按时支付本金和利息。储户的钱即使不到期也可以随时取出，曾经甚至出现过有的人家半夜就医急需用钱，集团财务人员连夜办理取款的事情。从1996年到2003年，在长达8年的融资活动中，储户和大午集团从来没有发生过信用纠纷。孙大午也因此被人们称为“中国企业家的良心”、“中国农民的英雄”。虽然他一度因为涉嫌非法集资而被关押，但是却受到了媒体、农民、学者与网友的广泛支持。联想集团董事局主席柳传志亲自致信鼓励孙大午要“渡过难关”。知名经济学家茅于轼也曾为孙大午案四处奔走，称此案为“没有受害人的非法集资”。他指出，孙大午表面上违反了我国金融管制的规定，但实际上，非但没有使任何人受损，倒是有许多人得益。

人脉是金。一个人想成就一番事业，少不得要借助众人拾柴之势。只要处理和维护好人际关系，人脉就可以成为你走上成功之路的叩门砖。花花轿儿人抬人，“相互帮衬”正是一个帮人帮已的诀窍。因为一个人的精力毕竟有限。经手的事情太多，表面上看来似乎没有什么疏漏，也许失察疏漏的地方在不知不觉中已经留下很多。多一个朋友，多一条路；多一个敌人，多一堵墙！大午集团在帮助农民致富的同时，自己也获得了迅速的发展。因此作为企业的领导者在实际工作中，要做到与同事甚至同行的精诚合作，互相关心，互相帮助，互相进步。人与人合作的原则是：你在关键时刻帮人一把，别人就会在你困难之际助你一臂之力。要想获得别人的帮助，你就必须先付出行动，慷慨相助，这样才能赢得回报。无论是同事之间、同行之间的互相帮衬，还是素不相识的人之间的互相帮衬，这都是在竞争激烈的商业时代实现共赢、多赢的重要诀窍。

附：

曾国藩的选人、用人标准

古人云：“能当一人而天下取，失当一人而社稷危。”曾国藩则认为，“国家之强，以得人为强”，“战胜攻取，乃在人不在器”。曾国藩继承了儒家的“人治”思想，认为政治得失就在于能否用人，故而在他的为政期间，始终坚持求才若渴、广招人才的原则，而他的成功也确有多得贤才相助之故。深知人性之优劣、清政府军政腐败原因的曾国藩制定了一套“唯才是举”的人才选拔标准，他也因此笼络了很多人才。当时，清朝18个省，就有13个省的长官出身于湘军。这种重用汉人的现象，在清朝历史上是非常罕见的。曾国藩也因为善于识人用人，官至两江总督、直隶总督、武英殿大学士，封一等毅勇侯。以下为曾国藩的选人、用人标准：

1.“忠义血性之人最可用”。

所谓忠义血性，就是誓死效忠于团队，自觉维护团队的规章制度和团队利益。选用具有“忠义血性”者为骨干，可以在团队中起到表率作用，“以类相求，以气相引，庶几得一而可及其余”，这样便可以带动全体成员效忠于团队。

2.“廉明为用”。

“廉”，对于团队来说是极为敏感的问题。因为团队的主管有克扣员工工资和福利、损公肥私等行为，会引起团队成员的不满，严重影响团队的战斗力。曾国藩在新组建的军队选将问题上高度重视，因为它直接关系到湘军的战斗力。

“明”是指要做到明辨是非，赏罚有度。“人见其近，吾见其远，曰高明；人见其粗，吾见其细，曰精明”。对于一般成员要求其“精明”，而对于主管则要求其必须“高明”，这样才能够具有远见卓识。团队主管要具备“廉”、“明”的品质，这样做有利于改善干群关系，提高团队的战斗力。

3. “朴实”。

在团队中要杜绝投机取巧、迎合钻营的腐败风气，就要在挑选团队成员的时候侧重“朴实”。所谓“朴实”是指脚踏实地，无官气，不浮夸虚饰。

4. “智略才识”。

曾国藩认为：“大抵拣选将才，必求智略深远之人，决不能选用冗冗者。”因此要选拔那些具有较高的文化水平和专业水准的管理人才。

5. “坚忍耐劳”。

“坚忍耐劳”是团队成员必须具备的优良品质。只有具备这种坚忍耐劳品质的团队成员才会在困难和坎坷面前不言其苦，才能够一鼓作气，勇敢顽强，战斗到底。

以上为曾国藩选才用人的五项标准，其注重人的内在精神，以维护团队的制度为首要。曾国藩善于识拔人才，他观人的方法，“以有操守无官气，多条理而少大言为主”。他曾经用八个字非常精辟地总结了用人的经验：广揽、慎用、勤教、严绳。这在今天，仍具有非常重要的借鉴意义。

二、对待兄弟们不放弃、不抛弃

《士兵突击》火了，其给人们印象最深的就是钢七连的那一句连训：不抛弃，不放弃。这句话既讲了对目标的追求，也讲了对和自己并肩作战的兄弟们的原则。是兄弟，就应该一起冲向终点，但不会因为自己而拖累兄弟，不会因为兄弟的困难而抛弃他们；既要和兄弟们一起闯刀山、跨火海，还要和兄弟们一起分享成功的喜悦。

1. 风雨同舟的伙伴就是兄弟

《孙子·九地》:“夫吴人与越人相恶也，当其同舟共济，遇风，其相救也如左右手。”其实那些能够有所成就的著名企业家无论是在困难的时候，还是在顺利的时候，都会视同事如兄弟，与大家情同手足，都能和大家同舟共济，都能够为企业和大家的利益而努力。

找到志同道合的人

《士兵突击》中的许三多，看着傻傻的，木得要死，是个人就想扁他。而他的战友成才则和三多正好是两个世界的人，圆滑，招人厌。可是最后偏偏是他最不看上眼的三多成为他真正的朋友、最铁的兄弟。在成才去三连时只有三多去为他送别。那时候成才才开始发现自己真的错了，错待了自己的好兄弟三多。在一次演习中，三多从14米高的地方跌落，却没有向自己的战友成才呼救。因为三多用他的实际行动来诠释了“不抛弃，不放弃”的七连精神，也是在用实际行动来告诉成才什么是不放弃。三多为了成才能够重拾做人的尊严，为了成才能够进老A，用血甚至是生命来帮他的朋友。

许三多的行为让许多人肃然起敬！这同时也在告诉我们，结交朋友，寻找创业的合作伙伴，就应该找像许三多这样能够与你志同道合并且在关键时刻对兄弟不抛弃、不放弃的人。

那些优秀的企业，一定会有自己鲜明的价值观和企业文化。

惠普公司所大力颂扬的“惠普之道”包括：信任员工、提供最高质量的产品和服务、对客户需求富有激情、彼此信任和遵守职业道德、重视团队合作、创建丰富而融洽的组织。

微软公司的核心价值观是：诚实和守信；公开交流，尊重他人，与他人共同进步；勇于面对重大挑战；对客户、合作伙伴和技术充满激情；信守对客户、投资人、合作伙伴和雇员的承诺，对结果负责；善于自我批评和自我改进、永不自满等等。

万科公司的价值观是：创造健康丰盛的人生，客户是我们永远的伙伴，人才是万科的资本，阳光照亮的体制，持续的增长和领跑。

阿里巴巴的马云酷爱金庸小说，他将阿里巴巴管理层最认同的一些观念归结为客户第一、群策群力、教学相长、质量、简易、激情、开放、创新、专注九大价值观，并称之为“独孤九剑”。

……

当然仅仅确立了企业的价值观还是不够的，还要让你的员工认同并且践行企业的价值观念和企业精神。麻省理工学院教授彼得·森吉曾经说过：“许多企业领导人都有自己的远景，但是这些个人远景却从来没有转化为共同的远景进入组织的血液。”所谓让领导者的个人远景转化为企业共同的远景就是首先要你的员工认同、践行企业的价值观念和企业精神，就是要对员工进行价值观的培训，“什么是对的，什么是错的，什么该干，什么不该干”，这是每个员工在工作中必须首先明确的内容，这就是企业文化的内容。

2001～2003年，在阿里巴巴最为艰难也最为关键的3年中，马云还仿效毛泽东当年的做法推行过一系列管理运动：以“延安整风运动”的方式来统一员工的价值观、统一员工的思想；以“抗日军政大学”的形式来培训并且提高干部团队的管理能力；以“南泥湾开荒”的方法来培养提高销售人员的客户观念、推销方法、演讲技巧。也正是阿里巴巴注重用企业的价值观和企业精神来统一员工的思想和行动，才使得企业渡过了难关，并且获得了长足发展。

与之相反，如果忽略了企业价值观和企业精神对于企业发展的作用，那么将会造成企业的动荡和衰弱。

天狮公司内部很多经理之间都有亲戚关系，是一家典型的家族式企业。自2002年起，天狮开始引进骆超、王君平、钱港基等一批安利公司的高管，而且他们招募进来的员工也大多是安利的旧部。这样一来，原有员工的观念和新员工的观念就很容易发生冲突。最终于2004年天狮集团发生了职业经理人集体离职事件。这件事情告诉我们，不同价值观的人是不可能在一起共创一番事业的。

与雅虎中国并购时，马云最为强调的一项基本原则是："有一样东西不能讨价还价，就是企业文化、使命感与价值观。"狼和狗虽然长得很像，但生性绝对不同。只有具有相同的理念和价值观的人才会走到一起，才能够长时间地为了共同的目标而并肩战斗。

史玉柱是一位几经坎坷，在商海中几度沉浮的"著名失败者"。但是在他屡败屡战的商海生涯中，追随他的骨干人马是一支极具凝聚力、异常稳定的核心队伍——在巨人，史玉柱负债不能露面时，是陈国、费拥军、刘伟和程晨这"四个火枪手"在撑着。史玉柱在二次创业初期，身边的人很长一段时间没有领到一分钱工资，但这四个人始终不离不弃，一直追随左右。1997 年冬天，史玉柱在安徽黄山召集亲信们开会，确定了"脑白金"的构思。而在此前几个月，史玉柱还深陷巨人大厦停工、购楼花者天天上门追债的泥潭；短短的几个月之后，脑白金在江阴试销成功，并且迅速铺向全国市场。史玉柱凭借脑白金一举摘掉了"中国首负"的帽子，还清了巨人大厦的所有债务，并完成了新一轮资本积累，为后来进军网游市场铺平了道路。史玉柱的巨人公司于 2007 年 11 月初赴美上市，成为国内首家登陆纽约交易所的网络公司。

按刘伟的介绍，尽管巨人公司经历了数年的停业，但脑白金分公司的经理有一半都是最初跟随史玉柱起家的原班人马。这些人在脑白金已工作六七年，而脑白金和征途的多数副总更是早在 1992 至 1994 年期间便是巨人公司的员工。

史玉柱的经历告诉我们，找到志同道合的人，并且让他们追随你，你的事业就成功了一半。

有福同享，有难同当

锦上添花是哥们，雪中送炭是朋友，有福同享、有难同当是兄弟。为了朋友和兄弟，我们应该做到不抛弃、不放弃。虽然有时候为了兄弟的情意和利益，我们要抛弃和放弃自己的一些利益，甚至为其作出牺牲。

赤壁之战后，周瑜的名声如日中天。大败而归的曹操为了能够荡平东吴，特派周瑜的同窗好友、最能说善道的蒋干来策反周瑜。蒋干刚刚到东吴，周瑜便猜出了老朋友蒋干的来意，他说："老朋友，辛苦了！你远涉江湖而来，是来为曹操当说客的吧，哈哈！"随后周瑜挽着蒋干巡视军营，并且摆上最丰盛的酒菜款待。酒过三巡之后，周瑜对老朋友蒋干说："大丈夫做事要讲信义。我遇到了吴王这样的知己之主，结下君臣之义，骨肉之恩，就该与吴王有福同享，有难同当。即便是苏秦、张仪复生，也无法动摇我对吴王的忠诚。"蒋干只好识趣地闭上了嘴。不久蒋干回去，禀报曹操道："周郎的雅量，哪里是言辞所能打动的！"正是因为吴王孙权有着像周瑜这样的一帮有福同享、有难同当的兄弟才能够统治江东长达51年之久。也正是由于周瑜像忠于兄弟那样忠于自己的上司孙权，东吴人才会在他死后伤心痛哭，孙权才会流着泪说："你短命而死，我以后依赖谁呢？"

2004年4月，王励勤和阎森落选奥运双打之后，王励勤对记者们说："阎森手伤后我从没考虑过要换搭档，因为我和阎森一起拿过冠军，一起享受过快乐。现在有困难，当然也要我们一起分担。对于奥运落选我觉得阎森更难过。"王励勤还说："我没想过换搭档，好搭档是要能一起享福一起受难的。现在阎森很难受，我也很难受。我们都付出了努力，我们需要一起度过这难过的时光。"

作为一个企业的领导者，作为一个团队中的主管，仅仅以有福同享、有难同当来要求自己是不够的，还要时刻把兄弟们的利益放在首位，不计个人的荣辱得失。

"家有黄金数吨，一天只能吃三餐；豪华房子独占鳌头，一人也只占一个床位。"这是华西村的致富带头人——吴仁宝的一句名言。40多年来，风云变幻，吴仁宝却始终能够得到华西群众的信任、支持，华西村的一系列改革、创新措施能够顺利推行，一个重要的因素是吴仁宝始终把维护群众的利益作为决策的基础，自己行得端、坐得正。20世纪80年代华西村第二轮创业时，吴仁宝提出了"有福同享，有难同当"的口号；如今华西越来越富了，吴仁宝却又提出了"有福民享，有难官当"的新口号。他说，老口号还不能充分体现出共产党员的先进性，古往今来，多少人能共患难，却不能同富贵，共产党员就要比群众多吃苦，多奉献。吴仁宝还说："个人富了不算富，集体富了才算富；一村富了不算富，全国富了才算富。"在他的眼里，啥叫社会主义，人民幸福就是社会主义。吴仁宝常说："老百姓幸福是我最大的满足。"

对于一个企业的领导者、一个团队的主管而言，员工们能否从企业的发展中获得利益，是决定你是否称职的唯一标准。

几年来，海鑫集团李兆会为海鑫的2100名员工办理了养老、医疗和失业保险，并且投资7200万元为员工建设了住宅楼和小别墅。为了能够让员工一起分享海鑫集团的发展成果，他拿出347万元重奖贡献突出的人才。他曾经一次奖励员工10辆"帕萨特"汽车，开创了全省乃至全国民营企业员工奖励的先河。另外，海鑫集团先后投入1200万元对员工进行培训，受训员工达2.7万人次，还输送多名员工到武汉科技大学深造，以此实现了员工和企业的共同成长。

不能够让与自己亲如兄弟、一起浴血奋战的同事、员工和自己一起分享企业的成功，甚至时时处处在牟取兄弟利益的人，必然会被人们所抛弃，自己也必然会遭受失败。

蒋介石之所以用40万美式装备的精锐之师都无法将小米加步枪、区区几万人的红军剿灭，就是因为蒋介石权欲太重，经常卸磨杀驴，拢不住跟随他出生入死的兄弟们的心。比如，在遵义战役后，贵州军阀王家烈主力8个团被歼，大伤元气。蒋介石借此机会要求王家烈在军长和省政府主席中任选一职。王家烈表示愿做军人，蒋介石便借此机会压迫王家烈交出政权。不久，蒋介石又重金收买王家烈手下的师长何知重、柏辉章，以加入“中央军”为诱饵，让二人怂恿部下“闹饷”，武装逼迫王家烈下野。蒋介石的过河拆桥使得兄弟们都不敢再为其卖命，纷纷谋求自保，因为大家都有了前车之鉴。因此，蒋介石虽然坐拥数百万装备精良的军队，但是由于兄弟们不和他一条心，最终败在了装备和人数远不如自己的解放军手中。

“纳投名状，结兄弟义，死生相托，生死与共！”这是电影《投名状》中一句非常著名的台词。《投名状》在古代就是忠诚的象征，意思是在加入一个组织之前，以该组织认可的行为表示忠心，所谓“但凡好汉们入伙，须要纳投名状”。而在现在所有加入企业或者团队的成员也都要纳投名状，即认可企业精神和团队精神，与企业、团队荣辱与共、患难与共。只有做到和企业、团队的成员有福同享、有难同当，大家才会把你当做兄弟，你的事业才会得到兄弟们的鼎力相助，你才会赢得兄弟们的忠心和追随。

人品决定一切

据说上帝有一架专称人品重量的天平。天平的一端放着一只砝码，超过砝码重量的是上品，轻于砝码的则属于下品。

一个赤裸着上身的穷人跳上天平一称，重量大大超过砝码。上帝大声称赞：“好！是上品。”

一个富翁唯恐自己重量太轻，被上帝列为下品，便在腰上束了一条很厚的黄金腰带。可是富翁走上天平，却大大轻于砝码的重量。上帝叹了口气，说："是下品！"

富翁抗议说："这天平不准！我身带万金，那穷人什么也没有，怎么我的重量还比不上他呢？"

上帝说："我这天平专称人品，不称贫富。仅那穷人的骨头就比你重得多。一旦减去黄金，你的骨头就轻得几乎没有分量了！"

这个故事告诉大家，**过度地追求财富，会使你的人品质量下降**。宋代政治家司马光在《资治通鉴》中指出："才者，德之资也；德者，才之帅也。自古昔以来，国之乱臣，家之败子，才有余而德不足，以至于颠覆者多矣。"他还具体分析了不同人的德才素质："才德全尽谓之圣人，才德兼亡谓之愚人，德胜才谓之君子，才胜德谓之小人。"因此作为企业的领导者，一定要严格要求自己，即便做不了圣人，也要做君子，绝不能够做愚人和小人。要当成功的企业家就不能过度地追求财富，而是要和兄弟们风雨同舟、有福同享、有难同当，力求带领兄弟们一起致富。而要做到这一点，你在挑选自己的创业合作伙伴或者员工时，就要切忌仅注重能力，更不能以貌取人或者嫌贫爱富。因为在这个重视团队合作的时代，人品决定一切。

德国工程师思坦因曼思失业后，不远千里来到美国。一家小工厂的老板聘用他担任设备技术员。1923 年，美国福特公司有一台电机坏了，工程师们想了许多方法都未能修好。这时，有人推荐了在隔壁小工厂任职的思坦因曼思，福特马上就派人将他请来。思坦因曼思在电机旁聚精会神地观察了三天，并且爬上爬下对电机进行了全面而细致的检查。最后他在电机的一个部位用粉笔画了一道线，告诉人们：“这儿的线圈多绕了16圈。”福特忙让技术员拆掉多余的线圈，电机开始正常运转了。福特非常欣赏思坦因曼思的才华，给了他一万美元的酬金，并且亲自邀请他加盟福特公司。福特公司在美国是实力雄厚的大公司，人们都以进福特公司为荣。但思坦因曼思却向福特先生说，他不能离开那家小工厂，因为那家小工厂的老板在他最困难的时候帮助了他。福特先生先是觉得遗憾万分，继而又为知恩图报的思坦因曼思感慨不已。不久，福特宣布收购思坦因曼思所在的那家小工厂。有人不解，问福特为什么要收购这样一家丝毫不起眼的小工厂。福特笑着回答说：“人品难得，因为那里有思坦因曼思。”

古人云：“士有百行，以德为首。”蒙牛的牛根生也常说：“小胜凭智，大胜靠德。有德有才，破格重用；有德无才，培养使用；有才无德，限制录用；无德无才，坚决不用。”因此我们对人才的选用，首先要强调“德”，其次才是“才”，唯德才兼备方为优秀人才。人品决定一切。我们不仅要在选择合作伙伴时，注重其人品，同时也要注意不断提高自己的人品，以增强自己在企业和团队中的影响力。特别是当你遇到可以相信的朋友时，就要珍惜彼此的友谊，因为在一生中，遇到知己真的不易；当你遇到能够给予你帮助的贵人时，要懂得感激与回报，因为他是你人生的转折点。

2. 兄弟同心，其利断金

在汉字当中，“人”这个字的结构就是互相支撑。没有人是无所不能的，但是，一个默契、团结的团队，却常常是无坚不摧的。在一个团队当中，大家心往一处想，劲儿往一处使，整个团队就能发挥出最佳的状态。这就是人们常说的“兄弟同心，其利断金；精诚合作，众志成城”。

有钱一起赚，合作求发展

曾经有人采访比尔·盖茨成功的秘诀。比尔·盖茨说：“因为有更多的成功人士在为我工作。如果微软 20 个顶尖人才被挖走，那么微软会变成一家无足轻重的公司。”这句话反映出了他珍视人才、重视与人合作的企业经营思想。

2003 年年底，盖茨透露，微软公司约半数符合条件的员工可把他们的股票期权卖给华尔街，这些员工总共将得到 3.82 亿美元的现金。而与盖茨一起创业的同窗好友保罗·艾伦也因为与盖茨的合作而积累了取之不尽用之不竭的财富。2004 年，艾伦在《福布斯》富豪榜上名列第五，资产达 210 亿美元。

陈安之在他的超级成功学中也常常提到：先为成功的人工作，

再与成功的人合作，最后是让成功的人为你工作。可见要想成功，要想挣大钱，就要和别人合作，就要坚持有钱一起赚、合作求发展的原则。

乔致庸为了能够让大家安心地为商号工作，给商号内的每一位伙计顶一厘的身股，并随着工作年限而增加。每年年底，伙计就可以领到几十两到几百两银子的红利。为此，马荀说他不像个东家。因为在马荀看来，乔致庸这样做是损害了自己的利益。一个商号给伙计顶了身股，也有分红，那么东家和掌柜的分红也就相对要少一些了。但乔致庸看重的是大伙儿有钱一起赚，合作求发展。虽然乔致庸给伙计们让利了但生意却是日益兴隆。以乔家大德通票号为例：1888 年，银股 20 个，身股 9.7 个，盈利总额约为 25 000 两白银。到 1908 年时，银股 20 个不变，身股却增加到 24 个，而盈利竟达到 74 万两白银！20 年间身股增长了 1.4 倍，盈利增长幅度为原来的 28 倍还多。这种分红制度，极大地调动了伙计们的工作积极性。身股制巧妙地转化了伙计们工作的目的，本来是为东家工作，而现在却变成了为自己工作，乔家的所有店铺从掌柜到伙计无不殚精竭虑，尽心尽力，从而提高了商号竞争能力。在乔致庸的带动下，山西其他商号也纷纷开始给伙计顶身股。当时的顶身股也就是今天现代企业常用的一种激励制度，如同上市公司给员工发放的原始股份，作为年终分红。顶身股在留住核心人才、实现伙计和商号的共同发展方面起到了非常重要的作用。比如马荀原本只是乔家派往包头的一个学徒。他从伙计干到了复盛西商号大掌柜。马荀在乔家干了四五十年，直到老死也没有背叛乔家。

因此，只有坚持有钱大家一起赚的原则，只有做到企业领导和员工齐心协力，才能够带动企业的迅速发展。

帮别人就是帮自己

清末闻名中外的红顶商人胡雪岩最初只是杭州一家钱庄的小伙计。如果他是一个只会为自己着想而不愿意帮助别人的人，那么他只能够当一辈子的小伙计。可是他却有着一种广交朋友、豪侠仗义的热心肠。胡雪岩甚至因为资助落魄书生王有龄五百两银子而丢掉了自己在钱庄的差使。而王有龄做了湖州知府后，为了表示感谢资助胡雪岩开了钱庄，号为“阜康”。从此之后，胡雪岩依靠王有龄这棵大树，在官与商之间如鱼得水，走上了官商的通途。并且随着王有龄职位的不断升迁，胡雪岩的生意也越做越大，除钱庄外，还开起了许多的店铺。

而在王有龄死后，胡雪岩能够继续在全国发展自己的生意，则是因为他在帮助左宗棠的同时，也得到了左宗棠的帮助。在左宗棠出关西征的时候，胡雪岩鞍前马后地为西征大军筹粮械、借洋款。可以说他为左宗棠的西征成功立下汗马功劳。后来左宗棠任浙江巡抚，他还协助左宗棠开办企业，主持上海采运局，兼管福建船政局，经手购买外商机器、军火及邀聘外国技术人员。而他也从中挣得了巨额利润。此时，胡雪岩的阜康钱庄也开了20多处，布及大江南北；拥有资金2000万余两，田地万亩。由于辅助左宗棠有功，胡雪岩被清政府授江西候补道，赐穿黄马褂，成为清末鼎鼎大名的官商。

人们常说，要成功，要挣钱，就要靠贵人的帮助。其实贵人就是你自己。当你热于助人，成为所有人的贵人的时候，所有的人也必然会感恩于你，回报于你。你也就会因此而获得自己的贵人相助，获得成功，挣得大钱。

在成功的路上，帮助别人就是帮助自己。在任何时候，你的协助，你的坦诚，你的付出，都会得到别人的认可。你的每一份关怀和每一个微笑，都会得到别人百倍、千倍、万倍的回报。你付出得越多，别人对你的信任也就会越来越深，与你合作的信心也越来越足，而你所获得的成功机会也就会越来越多。

俗话说："同行是冤家。"禹州粉条厂的老板王贵峰却不这样看。王贵峰在郑州市北环调味品市场租了一间80多平方米的门面，设立了厂家办事处，专门做各种红薯粉条批发生意。同时，他又租下了一间104平方米的门面专门供其他地区的地方特产做产品展示用，且不收任何费用。王贵峰常常把隔壁展示的特产介绍给客户。2006年，许昌的一个厂家生产的新产品豆制品云丝一直打不开销路。后来，经朋友介绍，这家工厂的样品在王贵峰的店里展示。当时正是年关，省内各地的食品批发商到市场里采购。一位洛阳客户相中了放在王贵峰店内的云丝，一次就要了一车货。

王贵峰发现，各地的批发商常常是开着车赶到郑州集中采购，上午转市场下午就要装车往回返，很少有足够的时间到市场挑选产品。于是，王贵峰决定给客户提供更多的选择，帮客户搜集货源。时间长了，很多批发商进货都找王贵峰。为此，王贵峰不光拿出一间店面为客户的产品提供免费展示，还专门建立了河南特产网，把产品放在网站上，并制作成一本精美的宣传画册，每一页集中展示一个地区的地方特产。王贵峰在替别人宣传产品的同时，也给自己招揽了许多的客户，他的生意也做得红火了起来。

实现利己与利人的互动

不知从什么时候起，“人不为己，天诛地灭”这句话开始成了某些人的座右铭。每个人都是有私心的，这本无可否认。但是，在现实中处处为己的行为并非理智，人的私心不仅会伤害别人，也会毁了自己的前途。

三个年轻人，经过三次严格的淘汰赛，终于进入了一家世界五百强企业的最后一轮面试。三个人要争夺唯一的一个职位。面试这一天，他们三人都提前赶到了面试现场。在面试开始前的几分钟，有一个年轻人急匆匆地进了门。他自我介绍说，他也是前来参加面试的。可是由于出门太匆忙了，忘记带笔了。他想找这三个年轻人借支笔填一份简历。那三个年轻人都没有说话，因为现在又多了个人来竞争那唯一的职位。他们都在想，只要大家都不借笔给他，就会减少一个竞争对手，增加一分成功的可能。这时，三名年轻人中的一个弱小的女孩递过一支钢笔给他，说：“我有支笔，本来也是没墨水了。我掺了点水，还能够写。”另两个年轻人则不满地用眼睛瞪着那女孩。因为她又给大家增加了一名竞争对手。一转眼，规定的面试时间已经到了。面试官微笑着走了出来，对三个年轻人说："结果已经见分晓，这位女士被聘用了。"然后他向那位女孩表示祝贺。另外两个年轻人则表示不满，因为面试还没有开始。面试官则说："刚才那个借笔的先生是我的同事。那就是对你们的最后一次面试。我们能够成为世界五百强，就是因为我们的同事都能够彼此帮助，没有私心。很遗憾，是你们的私心使自己失去了机会啊！"

在生活中，许多人的表现如同上述故事里那两位自私的年轻人一样，于是有了曲折的前进道路。也有一些人，因为能够控制自私的贪念，成为大写的人。于是他们便能够一次次地走过失败，走向辉煌的成功。

其实许多时候人在一些方面还不如动物。在动物世界有一种奇怪的共生现象。大约有五十多种小鱼和小虾，靠为大鱼清除身上的寄生虫来维生。通常大鱼会张大嘴巴，让那些充当清洁工的小鱼和小虾游入嘴内，为它们剔牙，然后通过鱼鳃游出，顺便把鱼鳃也打扫干净。清洁工鱼具有特殊的条纹和特殊的舞姿，大鱼往往不吃具有这种条纹的小鱼，也不吃和它们十分类似的小鱼。相反，它们一动不动，像进入了昏睡状态一样，让小鱼自由地帮自己打扫外部和内部。甚至那些清洁工鱼都有自己的领地。因为人们曾经看见过一些大鱼像等候理发的顾客一样排着队伍，等候清洁工依次为它们搞清洁工作。有人认为，大鱼完全可以等清洁工打扫完毕之后把它吞掉。但是大鱼总是让清洁工游出，碰都不碰它一下。这显然是一种难能可贵的利他行为。

做企业为了谁？作为企业的领导者可能经常会问自己这个问题。有人说是员工，有人说是服务社会，也有人说是股东。其实客观上讲，领导者自己以及员工、社会、股东这几方面的利益都得照顾到才行。只有像大自然中的清洁工鱼和大鱼那样实现利己与利人的互动，形成一种荣辱与共、患难与共、和谐发展的局面，领导者的利益和企业的利益才能够实现最大化，企业和个人的利益才能够得到最大的满足。**爱别人就是爱自己！因为爱不仅仅是一种无私的奉献，更是一种爱的收获。**

3. 不要抛弃任何一个兄弟

精神病学家卡尔·梅宁格说过：“爱能拯救人——无论是施予爱的人还是得到爱的人。”所以请你不要抛弃任何一个兄弟，哪怕他对你恨之入骨。

关爱每一个兄弟

在拿破仑·波拿巴横扫欧洲的辉煌时代里，拿破仑率领的法国士兵给全世界出了一道谜题：同样是普普通通的士兵，这些法国士兵为什么能够比其他欧洲国家的士兵更优秀？那些欧洲贵族们也弄不明白：是什么力量使得那些法国农民、鞋匠、游民一个个在战场上表现得英勇无比，变成了一支令整个欧洲闻之色变的可怕力量？

原来拿破仑非常注意关心自己的部下和士兵。他能够叫得出他手下任何一名将官的名字。平时休息时拿破仑喜欢在军营中走动，遇见某个军官时就亲热地大声喊出对方的名字跟他打招呼。拿破仑有着惊人的记忆力，他还在谈话中不失时机地和士兵探讨对方的家乡、妻子和家庭情况，这往往使他的下属大吃一惊。当下属知道皇帝竟然对他们的个人情况也一清二楚的时候，其忠心耿耿就不难理解了。而正是这些忠贞不渝的士兵成就了拿破仑帝国的辉煌霸业。

唐太宗李世民在给大臣讲治理国家的道理时强调："凡事皆须务本，国以人为本。"而对于企业而言，员工就是企业的支柱。如果没有了员工的全力以赴，你的企业接再多的单也没有用。所以作为企业的领导者，你应该爱自己的员工，主动地去关心他们，去理解他们，并且积极支持他们合理的要求，尽可能让他们心情愉快地工作。就算一些员工有时做错了事情，你也应该平心静气地处理，不要对他们发火，让他们知道错在哪里就可以了，不应该以罚款的方式处理。人心都是肉长的。只要你能真心真意地关心你身边的每一个兄弟，对方就能够切身地感受到你的存在，并且对你的关心给予相应的回报。**关爱别人，会使你在成功的路上走得更加顺利，成长得更快。**《华尔街日报》曾经发表过国际出发点调研公司的一项研究结果：在对 1.6 万名公司老板所做的调查中，其中占 13% 的"最有成就"的老板对人的关心程度胜于对利润的关心。

中国古代思想家荀子说："对于一般百姓，你只剥削他，而没有给予利益；只想百姓效忠你，而你从不关怀他们；只强迫大家为你做事，你不曾为百姓做实事。这样治理国家，结果只有一个可能，就是灭亡。"其实治理企业和治国一样，同样需要以人为本。

加盟传化的李盈善教授就备受董事长徐冠巨的重视。1999 年，李盈善因病住院。当时正是春节，徐冠巨和父亲徐传化、哥哥徐观宝多次来到医院看望他。传化的创始人徐传化还亲自给他梳头。而且徐冠巨每年都在举行公司干部年会时，带头让全体干部向李盈善敬酒。并且传化的创始人徐传化通常会在会上介绍李盈善是怎样为传化集团作出贡献，公而忘私的。也正是为了感谢徐传化父子对自己的关爱，李盈善呕心沥血，勤奋研究，根据纺织业的发展和市场的需要，研制开发新产品30多种，其中国家级新产品2种，市级新产品7种，使传化产品能够在市场竞争中以新以优取胜。

一位跨国公司总裁去视察位于中国的下属企业。他没有直接去生产现场，而是先去了职工食堂和职工宿舍。许多人都感到非常疑惑。后来那位总裁说："一个企业如果连食堂和宿舍都管理不好，就不可能生产出好产品。这个厂长只有下课的份。"因为在他看来不能够为员工创造一个好的生活、工作环境的领导者，也必然无法让员工尽心尽力地为顾客服务。

那些成功的商人正是怀着对员工的感恩心理，真诚地关心员工，让员工安心地为企业作贡献。

《孙子·计篇》曰："道者，令民与上同意也，故可以与死，可以与之生，而不畏危。"孙子认为，所谓得道就是要使百姓与君主的意愿相同，这样可以使百姓与君主一起出生入死而不畏艰难，如此也就奠定了可以作战的基础。那么，我们又怎样才能够做到这一点呢？李嘉诚说：**"最重要的是了解你的下属的希望是什么。第一，除了生活，他们一定要前途好；第二，除了前途好之外，**

到将来他们年纪大的时候，有什么保障等，很多方面要顾及到的。”具体地说主要应该注意做好以下几个方面：

第一，对刚刚加入团队的新员工进行培训。通过培训要向新员工宣传企业文化、企业精神和经营理念，以便使新员工与团队在思想和行动上保持一致。此外，对于员工业务能力的培训、提高以及新员工在工作环境和生活方面的适应也不能忽视。

2005年，西门子（中国）启动导师制度，通过高级管理层的亲自指导，帮助顶尖人才发展领导力。这种模式打破了以往的直属关系，通过跨部门的沟通与交流，加强了员工对企业文化和企业理念的认同感，有利于人才的全面发展。而且部分有潜力的中层可以在高层管理者中选择自己心仪的“对象”作为自己的导师。

第二，注意直接主管对员工的影响。由于工作关系，员工接触最多的就是自己部门的主管，所以部门主管能够对员工成长发挥最大的影响和作用。一方面作为主管就要严格按照工作规范办事，并尽可能做到最好，因为这对于培养员工规范、熟练、精湛的业务技能有着非常重要的意义。另一方面主管要对员工的工作和成就给以认可和肯定。有一项调查显示：由于上级领导不赞赏下级而引发的跳槽率高达71.6%。因此如果你想获得员工的忠心和支持，请不要吝啬你的赞赏。

第三，支持或者帮助员工做好职业生涯规划。每个员工都会有自己的职业生涯规划，企业可以在实现企业和员工共同发展的基础上最大限度地满足员工自我实现、自我发展的要求和目标，让其学有所用、各尽所长。据调查，1000 家美国大型企业已有 70%以上建立了职业生涯开发管理系统，而曾经帮助员工进行职业生涯规划的企业则更多。IBM 不仅为员工设计职业规划，在辞退员工或是裁员的时候，还会为员工提供一笔相当数额的补偿金，甚至会帮其寻找新的工作，这样的企业必然会赢得员工的无限忠诚。

第四，为员工提供一些挑战性的工作。特别是要给新员工提供一些挑战性的工作。挑战性的工作是指岗位安排对于员工的现有能力具有“挑战性”，但是只要员工能够充分地发挥潜力，发挥主观能动性，又是可以完成的。因为美国的一家调查机构发现：给员工设计的第一件工作越是具有挑战性，几年以后年轻人就会越有工作成效。

第五，对员工提出希望。针对每一位员工的个人素质和特点，向他们提出切合实际的一种“希望”。因为越是让员工感到了团队和上司对自己的关心、信任，他们干得就越好。

第六，善待那些问题员工。一些员工之所以被人们称为问题员工，往往是因为他们具有个性鲜明、我行我素、能力超强、充满质疑和变革精神等特征。他们生性敏感，脑子里总是不断地涌现出各种新奇的想法。因此，最好的办法就是让他们的想法能够顺畅地表达出来，并传达到相应领导的耳朵里去，也许他们的一个建议会让企业的工作效率获得极大的提高，或者让企业避免一次危机。

企业和员工本来就是紧密联系的利益共同体，双方的发展相互依存。**让员工成为企业最需要的人才，让企业成为员工最需要的发展平台，只要做到这两个方面，就可以让员工们死心塌地地跟随你了。**

经营企业要讲诚信

两年前，方刚带了10万元去广州做装修。他与一家房地产公司的老板谈好了要为他们铺地砖。等合同签完了，方刚才发现这单生意做下去一定是亏本。房地产公司的老板也发现了这个合同有问题，方刚肯定要亏钱的。于是，他吩咐手下人，要盯住方刚的工人，不要让他们偷工减料。结果工程顺利完成了，方刚拿到了房地产公司老板的全额付款，一句话也没有讲就走了。房地产公司老板觉得很纳闷，为什么绝对亏本的生意，他还能做！于是，他定下一桌酒席，准备向方刚请教一些做生意的经验。方刚却如实回答，你的生意我没有赚钱，把我10万元的本钱都亏完了。房地产公司老板很惊讶，接着问他：为什么亏本的生意还要做呢？方刚说，已经签约，我就要信守承诺，就应该把它做好。房地产公司老板听了很感动，这样讲诚信的合作伙伴太难找了。老板把他自己公司里面的主管统统找来，然后对他们说：以后我们所有工程的地砖都给方刚他们铺。

做人和经营企业就要一诺千金。不轻易承诺，一旦承诺就一定要遵守。而有的人却是表面上大方，实际上他是在不损害自己利益的情况下送人情。只要与个人利益发生了冲突，他就会为了保护个人利益而背信弃义。这种不讲诚信的行为，是应该被人们所鄙弃的。

2007年10月15日，黑龙江省双色球“6500万得主”露面，领走了巨奖。领奖人在自己的领奖感言中说，是自己的一位月薪800元的员工为自己挑选的彩票号码。而且这位员工在得知替老板购买的彩票中得巨奖后，及时地通知老板领奖，甚至没有说过一句索要报酬的话（据2007年10月16日《华西都市报》）。领奖者的奖金为6504.5685万元，扣除应缴税款1300.9137万元，税后可独得5203.6773万元，这对于那位为老板代买彩票、“月薪只有800元左右，与妻子、孩子租住在哈尔滨市，生活条件相当艰苦”的员工来说不仅仅是一个天文数字，更是预示着今后的荣华富贵。然而，这位员工却坚守诚信，而且在第一时间向正在外出差的老板报喜。

“君子爱财取之有道”，“人而无信，不知其可也”，这不仅是员工应该具备的基本修养，也是团队的领导者所必备的美好品德。在犹太商人中流传着这样一句谚语：“即使是口头承诺，神也可以听见。”**诚以修身，信以立业，诚信就是我们用来创业和发展的最宝贵的资本。**

李嘉诚曾经很有感触地说：“一生之中，最重要的就是诚实守信。我现在就算再有多十倍的资金，也不足以应付那么多的生意，而且很多都是别人主动来找我的。这些都是为人守信的结果。”李嘉诚刚刚进入塑胶行业的时候，正值塑胶业的黄金时期，企业发展非常迅速。一位欧洲批发商看中了长江公司塑胶花的三种产品，准备大量订购，唯一的条件是必须有实力雄厚的公司或个人担保。

可是在香港这个认钱不认人的社会，位卑财薄的李嘉诚根本就无法找到担保人。李嘉诚并不灰心，他和设计师通宵达旦，连夜为欧洲批发商赶制样品。虽然对方只订购三种产品，但是李嘉诚却赶出了9款样品，每3款一组：一组花朵，一组水果，一组草木。在谈生意时，李嘉诚直率地告诉批发商："承蒙您对本公司的厚爱，我是非常希望能与先生合作。可我又不得不坦诚地告诉您，我实在找不到殷实的厂商为我担保，十分抱歉。但我保证我们的产品会是香港最优惠的，我的原则是做长生意，做大生意，薄利多销，互利互惠。"批发商欣赏着那九款产品，望着由于熬夜双眼通红的李嘉诚说："李先生，你奉行的原则，也就是我奉行的原则。你的真诚和信用，就是最好的担保。"并且这位批发商主动提出提前支付全部的货款，可见他对李嘉诚信誉及产品质量的充分信任。从此长江公司的塑胶花牢牢占领了欧洲市场，营业额及利润成倍增长。塑胶花为李嘉诚赢得了平生的第一桶金，也为其赢得了"塑胶花大王"的称号。

一位温州商人说："做人要务实，讲话要真实，做事要诚信，不能骗人蒙人，丧失信用。钱可以创造，但诚信比金钱更重要。不守诚信也许能赢得一时之利，但一定会失去长久之利。"诚信是企业步入市场的通行证，失信于市场即是企业的自杀。诚信对企业发展的重要性就相当于心脏对于人，心脏停止跳动，生命就不存在了。

老板的"閫"门里有品

蒙牛的牛根生说过："看别人不顺眼，首先是自己修养不够。"老板的"閫"门里有品，只有培养好个人的品质和道德，才能成为一个成功的老板，才能够带领兄弟们赚大钱。

孟子云："人有恒言，皆曰天下国家，天下之本在国，国之本在家，家之本在身。"（《孟子·离娄上》）在儒家看来，统治者的操守，是从提高自己修养开始的。只要提高自己的修养，就可以增强影响别人的能力。这样，天下就太平了。同样对于企业的领导者而言，在执行管理之前，"修身"是十分重要的。

所谓"修身"就是领导者的自我管理。孔子指出："苟正其身矣，从于政乎何有？不能正其身，如正人何？"（《论语·子路》）意即如果统治者能端正自己，管理政事又有什么困难？如果不能端正自己，又怎么能够端正别人呢？因此对于领导者而言"修身"是"安民"的根本和基础。对于领导者的修身和治理百姓的关系，荀子有一个非常恰当的比喻：君主就像依据日影来测量时间的仪器，老百姓就像仪器的影子，仪器正则照出来的影子也正；君主就像盛水的盘子，老百姓好比水，盘子圆则装在盘子里的水也圆。**万通董事长冯仑认为："一个领导者容易犯错误的地方在于，弄不清楚管理自己还是管理别人。公司领导者管理自己永远比管理别人重要，行为管理、行为矫正的关键是校正自己的行为。伟大的人管理自己而不是领导别人。"**

曾国藩在青少年时，就立志要做“国之藩篱”，将原名子城改为“国藩”。他把“内圣外王”作为自己修身立德的标准，以“不为圣贤，便为禽兽；不问收获，只问耕耘”作为自己的座右铭，立志于“澄清天下”，救国救民。曾国藩毕生勤于政事，肃贪官，严吏治，清正廉洁，住不尚奢，衣不尚新，食不尚精。他征战南北，随身行李就是几只旧木箱。曾国藩做官几十年，一生过着贫淡的生活，直到最后勉强凑足了一千两银子，寄回家中，还吩咐家人拿出四百两分赠给戚族中的贫困者。

从曾国藩留下的大量著述中，我们可以看到，他无论做人、做官、做事，都能自修、自省，常怀自律之心。据说一天夜里，曾国藩梦见别人得了好处，非常羡慕对方。次日曾国藩醒后却痛自惩责：“昨夜梦人得利，甚觉艳羡。谓好利之心形诸梦寐，何以卑鄙若此，真可谓下流矣！”可见曾国藩对自己的要求是特别严格的，甚至连自己在梦中都不许有任何的私心和杂念。他认为：“当官以不爱钱为本，廉洁自律，方能上对得起天、皇上、国家，下对得起百姓、亲友、子侄。只要坚守一个廉字，就算做事偶尔有失公允，天也能谅。”

曾国藩坚持每天写日记，力求做到逐日检点、事事检点。他在日记中写道：“一切事都必须检查，一天不检查，日后补救就困难了，何况是修德做大事业这样的事！”正是由于曾国藩非常注重自己的修身，秉承廉政理念，在湘军中倡导一种廉政文化，他才聚拢了李鸿章、左宗棠、刘坤一、沈葆祯等优秀的人才，打造了一支最有战斗力的军队——湘军，打败了数十倍于己的太平军，最后取代朝廷的正规军，成为晚清最为倚重的国防力量。也正是如此，他才能在清朝末年的动乱时代力挽狂澜于既倒，成为大清的一根柱石，在满清排汉的背景下能官居二品，穿黄袍马褂。

子曰："知所以修身，则知所以治人；知所以治人，则知所以治天下国家矣。"（《中庸》）因此你是否能够成为一个成功的老板，是否能带领兄弟们挣钱，你的品质起了非常关键的作用。美国管理学会在广泛调查的基础上，总结出了15项最受人推崇的优秀领导者品质：

1. 气度恢弘——胸襟开阔，有弹性，能包容；
2. 有才干——有能力，讲效率，做事彻底；
3. 合作精神强——待人友善，有团队精神，配合别人；
4. 可靠——值得信赖，富有良心；
5. 决心强——工作勤奋，有干劲；
6. 公正民主——重视众人意见，看问题宏观，不偏袒；
7. 富于创造力——想象力强，富于好奇心，勇于实践和善于实践；
8. 正直——人格高尚，值得信赖；
9. 聪敏——聪明，反应快，富有推理能力；
10. 有领导能力——有决断，能把握方向，善于鼓舞士气；
11. 忠诚——对企业、对正确的政策忠贞不渝；
12. 成熟——有经验，有智慧，有深度；
13. 坦诚——直率，不拐弯抹角；
14. 能体谅人——尊重别人，关心别人；
15. 能支持人——能了解别人的立场并提供协助。

其实，上面的15项品质完全可以归纳为自信、充满激情、爱的能力三种修养。自信是一种可以使人们信心十足地踏入未知领域，并且劝说、带动他人尝试前所未有的事情的心理因素。但是切忌自负，要能够吸取别人的不同意见和建议。对工作的激情则是推动企业发展和为他人作出榜样的动力。爱的能力则是打造高效率钢铁团队的最重要条件，这是因为那些缺少爱的能力的领导者也许会受到尊重或敬畏，但员工们并不会心甘情愿地听他的指挥。同时只有一个懂得爱别人的领导才会值得员工们去爱戴、去拥护、去追随。

附：

领导者要讲诚信

要树立威信，领导者首先要言行一致，讲信誉。李嘉诚认为：“坚守诺言，建立良好的信誉。一个人良好的信誉，是走向成功的不可缺少的前提条件。”讲诚信就必须做到以下几点：

1. 不要轻易许诺。许诺之前要审视自己，是否具有兑现诺言的能力。只要对员工许下了诺言，就要想办法兑现自己的诺言。领导者在员工心中具有权威性，领导者的许诺往往会成为员工的一种寄托。领导者的失信往往会在精神上给员工造成巨大的伤害，影响领导者在员工心目中的形象。

2. 切忌夸夸其谈。树立威信最主要的是要让员工认可自己，而让员工认可最好的办法就是用自己的行动和事实说话。不要做语言的巨人，行动的矮子。

3. 绝不朝令夕改。领导者经常改变自己的目标和计划，会让员工感到手足无措，迟延执行，很容易错过机会耽误了大事。况且朝令夕改，不仅会影响自己的形象，而且会让员工不信任自己。

三、学习人杰好榜样——当大哥就应该这样做

当大哥的，就应该有当大哥的样子。

大哥应该是什么样？是责任，是牵挂，是关爱，是呵护，是奉献，是宽容，是扶持，是教导……牛根生、柳传志、马云、杰克·韦尔奇这些成功的企业家已经用他们的实际行动告诉了我们。

1. 财聚人散、财散人聚——向老牛学习

牛根生一直信奉“财聚人散、财散人聚”经营哲学。早在伊利担任副总的时候，牛根生就曾将自己100多万元的年薪分给手下员工。1999年，牛根生离开伊利创业时，他当初的“散财”得到了回报。有8位和牛根生相识20年左右的朋友都拿出了自己所有的家当来支持他。除了相信牛根生的眼光，还因为他们认可牛根生的气度和胸怀，相信跟着牛根生不会吃亏。

精明挣小钱，聪明挣大钱，高明带着兄弟们挣钱

石油大王洛克菲勒说：“我获得成功的奥秘，就在于有一大批人在工作中真诚的合作。”**一个人赚钱没有什么了不起，要让大家都能赚钱才是真本事。**许多个体的精诚合作，可以控制整个市场。牛根生是一头信奉“财散人聚”的“孺子牛”，坚信世界上80%的喜剧跟钱没关系，而80%的悲剧全跟钱有关系，于是将自己拥有的股份全部捐出，成为全球捐股第一人！

古人说“将欲取之，必先予之”；佛经也说“舍得，舍得，有舍才有得”。而很多人却很难做到这些。因为有的人当老板，不要说让自己的员工挣钱了，就连员工早下一会儿班都斤斤计较。

其实，许多人在事业上的失败就是因为信奉了“人不为己，

天诛地灭”这一错误的观念。在许多时候他们的做法犹如打麻将，看住上家，扣住下家，防住对家，结果我做不成，你也做不成。那些成功企业家的经历告诉我们，千万不能只顾聚财，而不顾职工利益，应该合理地不断提高员工待遇和收入，与员工和谐相处。因为只有带着兄弟们挣钱，你才能够挣到大钱。

蒙牛乳业总裁杨文俊大学一毕业就在牛根生的手下干，已经和牛根生认识19年了。至今杨文俊还记得十几年前牛根生借给他2000元钱时的场景，他说：“这是对我最大的资助。”

当年，出身农民的杨文俊上班才两年，结婚、集资购房都需要钱，而他自己一个月工资才四五十元，根本没有一点儿储蓄。他东挪西凑了2000元，但还差2000元。一天，杨文俊遇到了牛根生。老牛关切地问起他买房的钱准备得怎样了。在得知他的困难之后，老牛当场就说：“那2000元我帮你想办法，你干好工作就行了。”2000元，现在看来并不大的数目，却是杨文俊那时三四年的工资。杨文俊回想说：“那时根本不敢想什么时候才能还上。”

在蒙牛的墙上一直挂着这样一段话：“股东投资求回报，银行注入图利息，员工参与为收入，合作伙伴需赚钱，父老乡亲盼税收。”牛根生认为，作为领导者要照顾到与企业相关的各个方面的利益。如果你忽略或损害了其中某个方面的利益，就会影响其支持和参与企业发展的积极性，就会影响企业的发展。因此要发展企业，首先要实现企业与相关利益群体的共同发展，就要让大家一起分享企业发展的成果。

牛根生的“散财聚人”针对多人、持续多年，成为他独特人格的一部分。从创立蒙牛到现在，牛根生已经将企业近80%的收入都花在了“大家”的身上，而自己在生活方面却非常朴素，以至于员工为他总结出了“五个不如”，即住房不如副手的阔，坐骑不如副手的贵，办公室不如副手的大，工资不如副手的高，股份不如副手的多，因为都捐了。牛根生在蒙牛赴港上市后就将价值10亿元的股份捐献出来，成立了“老牛基金”。同时蒙牛还实施了为500所小学的学生免费捐奶的活动计划。在牛根生看来，财产是必须要流动的，该散的钱一定得散，这样才能聚得了人。牛根生在谈及当年将自己的100多万元的年薪分给手下员工的初衷时，说：“当时我分钱的目的不是为了救穷和救急，是给我的部下干活预付的报酬。如果我觉得某个人干活非常有能力只是差一点动力，我认为投资到这个人身上值，对团队会有好处。”

非洲有一句格言：“如果你想走得快，那么你就一个人走；如果你想走得远，那么就一起走。”要让你的企业获得长足的发展，要做到基业长青，你就要像牛根生那样学会散财聚人。牛根生说：“股东投资求回报，银行注入图利息，员工参与为收入，合作伙伴需赚钱，父老乡亲盼税收。只有消费者、股东、银行、员工、社会、合作伙伴六者的‘均衡收益’，才是真正意义的‘可持续收益’；只有与最大多数人民大众命运关联的事业，才是真正‘可持续的事业’。”也正是因为牛根生能够带着兄弟们一起挣钱，所以他获得了很多人的支持和拥护，蒙牛才能够获得了像火箭速度一样的非常发展，仅用6年时间，就从名列1116位的小企业跻身中国乳业第一名。

苏宁电器集团董事长张近东也非常赞同牛根生“财聚人散，财散人聚”的经营理念，他说：“当你赚1000万的时候，那是你自己的；当赚更多钱的时候，就是属于社会的。苏宁是社会的，我张近东只是领导者和责任人。我在日本考察过一些做得很成功的全球性大企业，最初的创办人家族股份如今所占比例其实已经很少，甚至已经不再是大股东。”张近东不仅用分配股权的方式来激励南京总部的数名高管，还以此来稳定苏宁各地分公司的管理团队。张近东根据苏宁各地分公司高管的表现，给予他们一定比例的分公司股份作为奖励。张近东的散财让高管们对苏宁产生了认同感，并且与苏宁患难与共、荣辱与共，把苏宁的发展当做了自己的事业和追求。因而苏宁从未像国美那样一度出现高层频繁流动的现象。

作为企业的领导，你凭什么让你的兄弟们信任你、追随你呢？——最简单，也是最有效的方式就是让兄弟们的钱包鼓起来，让兄弟们能够和你一起分享企业成长的成果和快乐，而不是仅仅在企业困难的时候，为你流汗、流血。

让兄弟们当老板

2004年6月10日，蒙牛集团在香港挂牌上市，发行3.5亿股。当时香港市场低迷，可是蒙牛却跑赢了大市，国际认购踊跃，以每股3.925元的高价募集资金13.74亿港元。一夜之间，蒙牛造就了中国最豪华的富翁团队——5个亿万富翁，10多个千万富翁，几十个百万富翁……从蒙牛发起成立时的9个人，900多万元的第一批投入资金，到如今的近40亿元市值，蒙牛创造了中国投资回报率最高纪录。而持股不到10%的蒙牛公司董事长牛根生，一夜之间也已身价过亿。

牛根生一直使用“人人是老板”的观念来经营蒙牛。在建立之初，蒙牛由管理层、蒙牛的供应商、经销商等合作伙伴40余人参股。1999年底，牛根生还在公司内部发行了股票，员工依据服务时间的长短和职位的不同有权购买不同数量的股票，从而使蒙牛变成了全体员工的蒙牛，而不是牛根生一个人的蒙牛。事实证明，集体所爆发出来的力量是惊人的，蒙牛也因此获得了快速的发展。而这之后进来的优秀员工，只要表现突出，同样也可以获得相应的股权或者股票期权的激励。

2002年9月，蒙牛成立金牛与银牛两家投资公司，使得蒙牛的管理层、雇员、其他投资者、业务联系人员完成了对蒙牛的间接持股。其中，金牛的股份由15位自然人持有，当时，他们全部为蒙牛高管，牛根生、卢俊等7位蒙牛主要高管控股金牛87.4%。银牛的股份则由16位自然人控制。当时，除邓九强（原为呼和浩特市一家公司老板，为蒙牛提供冰淇淋、牛奶设备，后加盟蒙牛）是蒙牛的董事之外，其他人均为蒙牛自身或与业务相关公司的中高层管理人员，其中，广东潮州阳天印务有限公司总经理谢秋旭一人便控制了63.5%的股份。鉴于2001年到2004年利润复合年增长率高于120%，2005年蒙牛宣布提前兑现蒙牛外资股东与管理层之间的股权激励计划。蒙牛管理层控股公司因此获奖6260万余股中国蒙牛乳业股票。通过股权分派和期权激励，整个蒙牛团队业已形成了命运共同体，在共同利益的驱使下，蒙牛的执行力往往是自动自发的。蒙牛的成功充分诠释了“一个企业的成功，必然是一个团队的成功”的道理。

很多书都在讲在企业管理中，顾客是第一，是上帝。可是马云却一语惊人：“我认为——顾客是第二，员工才是第一！”马云认为：“如果员工没有照顾好，那他们一定也不会把顾客照顾好。”企业发展最重要的依靠是员工的智慧，而智慧是看不见、摸不着的东西。作为老板，你可以拥有员工，但却未必能拥有他们的智慧。**慧聪国际总裁郭凡生说：“不分股权或者说不会分股权的老板，肯定不是好老板。”**让有才能的员工拥有公司的股份，能够一起分享企业的发展成果，成为公司的老板，这是知本经济的规则。

要打造企业的核心竞争力，要留住更多的人才，最有效的方法就是让你的员工当老板，让员工持股。据介绍，雅虎、微软、谷歌等这些著名的国际大型企业都将大量股权分给了基层员工，他们也因此获得了更多优秀人才的效力和更快的发展。许多中国企业发展到了一定高度就上不去了。这里头最大的问题就是，他们不能长久地留住最有用的人才。无论多么优秀的人才在这种企业里永远是拿多少钱干多少活的“局外人”，这样的企业即便偶尔获得了成功，但只要有人把人才一挖，肯定受冲击。例如离开伊利的副总裁牛根生搞起了蒙牛，离开小霸王的主管段永平办了步步高，跳出用友的苏启强创立了连邦软件……不重视人才，不能够与自己的员工一起分享企业的发展成果，其结果必然会导致没有股权的人才的流失，甚至可能抢了老东家的饭碗。

"马为策己者驰，士为知己者死"，一位领导者的本领如何，不在于他亲自做成了多少事，而在于他激发了多少人做成了多少事。

和牛根生的股权激励相比，富士通给员工当老板机会的激励措施则显得更让人怦然心动。富士通专门成立了员工内部创业管理机构，每半年评定出一些最适合于内部创业的员工和创业计划。各领域内在富士通公司工作三年以上的优秀员工（不限国籍）只要向公司提交创业计划，在通过了公司的审核之后就可以领取一部分创业基金，富士通公司按资入股。1995年9月，经过重重审查和验定，身为富士通通讯营销部门核心骨干的梁钢最终得到了公司100万美元的创业基金，创立了通力公司，致力于研制数码相机软件产品。"在创业初期，我需要到欧美发达国家去做产品、市场等方面的调研，并且学习其行业内先进的管理经验，创业管理机构就给了我一笔钱去考察和学习，这笔钱是不包括在100万美元的创业基金之内的。"梁钢说。除此之外，创业员工还会得到富士通公司在资源、技术上的各项支持。在富士通公司的大力支持下，通力公司的软件产品很快打入市场。2001年，通力公司决定在整个亚洲发展业务，富士通公司就又拨划了100万美元的创业投资，协助梁钢拓宽市场。如今，梁钢作为"DigiBook点击书"软件原创人，拥有"DigiBook点击书"的华语版权，至此开始介入并拓展华语多媒体网络出版行业。

无独有偶，为了能够让宏基获得更大的发展空间，也为了将企业内部的强者推上王座，实现“王中生王”，与那些将权力牢牢抓在手里的企业家所不同的是，施振荣从一开始便采用分散架构，进行充分授权，为强者提供更大的舞台，并且最终形成了今天的宏基、明基、纬创天下三分，“小基丛生”的泛宏基系。李锟耀桀骜不驯，且有“功高镇主”之嫌，于是施振荣给了李锟耀足够的舞台，成全其鸿鹄之志。其负责的明基集团从事通信、光电、视讯等周边产品及其他消费性电子产品的制造与行销，下属公司有明基、友达、达方、达信、达宙等。由林宪铭掌舵的纬创集团主要负责信息与通讯产品的设计及代工制造，由纬创资通、建基、宏创、启基、连基等公司组成；王振堂负责的宏基集团则从事PC等信息产品的行销与服务，并正在积极发展微巨电子化服务事业，所辖有宏基、展基、网际威信、乐彩等上市公司；三个集团运作比较成熟后，施振荣退休，原有的泛宏基集团管理体系剥离出来，成立了负责创投及咨询的智融集团。施振荣的泛宏基系也因此而成长为华人世界最大的IT企业集群。

无数的成功案例告诉我们，只有像施振荣这样具备一种带着兄弟们挣钱、让兄弟们当老板的宽容的胸襟，才会使企业内部的强人转化为内部的王者而不是外部的敌人。

有一项调查显示，世界五百强企业的平均寿命是39年，而我国企业的平均寿命是3.9年。企业不能长久的一个主要原因就是人才流失严重。而让你的员工当老板，就是吸引、留住、培植高级人才的一个必要手段。新奥特集团董事长郑福双说：“让员工都有当老板的感觉！”中国很多人都想自己当老板，尤其是一些能人。

那些出色的企业家往往能够把这些能人聚拢在自己身边成就伟大的事业。他们待人宽厚，让手下的每一位员工在企业里都有做老板的感觉，从而让每一位员工都能够充分施展自己的才能，都有成就感。

附：

不合格领导者的七种表现

管理学者们认为不合格的领导者和失职的领导者主要有以下七种表现：

1. 缺少良好的工作习惯和心态。失职的、不合格的领导者往往缺乏管理自己情绪的习惯和方法，不善于管理自己的压力，这往往会给团队带来一些负面的影响。还有一些领导者缺乏良好的工作习惯，很多管理工具都不会使用，唯一能想到的就是权谋的方式。

2. 不能建设良好的工作氛围。在没有获得有效激励的时候，人们的能力只能发挥到20% ~30%，而在获得了有效激励的情况下人们的能力可以发挥到80%以上。如果领导者不善于运用激励的方法来调动员工的工作积极性，不注重建立工作氛围，那么将会直接影响员工的工作效率。

3. 很多领导者把员工当成工具，觉得不好就开除掉，再找新的员工。事实上开除问题员工并不是最好的解决办法，领导者要学会倾听，了解员工的真实想法和需求，并且引导他们发挥出最大潜力和能力。

4. 缺乏沟通的愿望。很多管理中的问题是因为领导者与员工之间缺乏有效的沟通。可是领导者和员工之间的沟通是需要有愿望的，不仅仅是需要沟通的技能。如果没有愿望，沟通技能再好也没有用。只要领导者有与员工沟通的愿望，他就会迅速地去提高自己的沟通技能，促使团队成员之间实现有效沟通。

5. 作秀。领导者不是在干实际工作，而是在作秀。比如，一个部门经理在办公室打游戏打到晚上十点，看到老总在加班，他去汇报工作。其实他只是向老总显示自己在晚上十点钟的时候还在加班。事实上，老总如果不在办公室加班，部门经理和自己的员工就找不到人影了。

6. 推脱责任。领导者在工作做不好的时候，不是想自己的工作能力够不够，工作方法、效率是否需要提高，而是直接把责任推给员工。

7. 工作没有效率，效能低下，没有目标，没有计划。没有目标、计划和目标、计划太多一样可悲。爱因斯坦曾经说过："在一个崇高的目标支持下，不停地工作，即使慢，也一定会获得成功。"

2. 搭班子、定战略、带队伍
——向老柳学习

作为联想的缔造者，联想控股总裁柳传志曾将联想内部成功的管理经验总结为三个要素：搭班子、定战略、带队伍。

不会搭班子的总经理不是优秀的总经理

北大方正最初的发展非常迅猛，一度与联想比肩而立，平分秋色。当时北大方正与联想的内部条件与外部发展环境极为相似，几乎不分上下：联想背后是中国科学院，北大方正背后有北京大学，并且国家对方正也一直呵护有加；联想获得了国家的上市支持，北大方正也同样拿到了上市指标；两者同在中关村 IT 领域；两者起步时间几乎同时，基础互有优劣，但总体相差不大。但由于北大方正多年来一直没有处理好班子问题，1991 年至 2000 年的历次高层人事风波使北大方正元气大伤。今日之北大方正与联想相比，已不可同日而语。可见对于企业的发展而言，企业领导班子的建设极为重要。

柳传志曾明确指出，不会搭班子的总经理，不能培养人的总经理不是优秀的总经理。真正的管理工作并不是完全由总经理一个人完成的。可以说，管理团队的作用才是最重要的。管理的实践性告诉我们，任何一个人都不可能完美地完成管理的全部工作。没有董事会的支持和经理们的帮助，总经理将很难把工作完成好。因此，柳传志把搭班子作为管理三要素中最为重要的一个要素。他认为建班子的主要内容包括：

1. 一把手是有战斗力的班子的核心，一把手应该具备什么条件，应该如何进行自身修养？

在西方企业界有这样一个故事：一个发明家和一个投资者走到一起，资本与技术成果都有了，但是他们还要找一位优秀的总经理，否则他们将不创办企业。

总经理是企业的领导核心。因此我们必须选择一个好的总经理。在知识经济时代，人力资本可以说是未来企业唯一的财富。柳传志认为联想之所以能够获得成功，是因为其卓然有效的“用人之道”。联想要想在竞争激烈的市场中生存下来，要想跨入世界500强的行列，其最需要打造的优势就是人才优势。能够经营好人才的企业才是最终的赢家。多年以来，联想始终将人力资源管理作为联想的管理核心。**柳传志认为可以在企业中承担较高责任的人才必须具备六个标准：**

一是共同的信念和价值观标准；

二是忠诚与牺牲精神；

三是审时度势、独当一面的指挥能力；

四是搭班子、带队伍的管理能力；

五是团结多数、协调一致的合作能力；

六是孜孜不倦、吐故纳新的学习能力。

这个标准既是一种识别、选拔人才的标准，又是一种培养和锻炼人才的标准。

十余年来，联想正是坚持以这样的原则来识别、选拔、培养和锤炼企业的人才队伍，从而造就了一个非常优秀的领导班子。联想要求公司的高层领导必须具有事业心。柳传志说，杨元庆、郭为和朱立南这些人就等于卖给了联想，他们都有一种共识：“联想的事业就是我的事业，联想的成功才是我的成功。”也正是具有了这样的感情，联想才能抵御得住其他公司来挖人，才获得了卓越的人才竞争优势。

2. 一把手应该如何选择班子的其他成员，其他成员不合标准怎么办？

美国奥格尔维·马瑟公司总裁奥格尔维说过：“如果我们每个人都雇用比我们自己都更强的人，我们就能成为巨人公司。”这告诉我们，作为领导班子的一把手不一定是能力最强的，但是你一定要找到能力最强的人作为自己的班子成员。一把手选择班子的其他成员一般有内部培养和外部招聘两种方式。无论是自己带大的还是外聘的，班子的其他成员必须拥有不同的层次和特长，才能使班子成员之间取长补短、互相配合，获得“1 + 1 > 2”的效果。如果在班子中大家的专长、能力和经验非常的相似，那就意味着整个班子会在其他很多重要的领域缺乏专长，从而导致企业管理的“短板”。另外，选择的班子成员还要和企业所处的发展阶段相适应。一般创业时期的班子成员要求少而精干，尽可能是彼此相互熟悉的同学、朋友、校友或同乡，因为这样有利于迅速形成团队的向心力和凝聚力。如上海复星高科技集团，以郭广昌为首的创业团队均是复旦大学毕业，并且他们能够根据每个成员的能力特点作出合理分工，形成了一个非常具有战斗力的班子。他们仅用了10年就发展成为具有近百亿净资产的大型企业集团。当企业发展到一定阶段后，班子成员就不能仅仅局限于创业时期的人员，而应该在文化背景、知识结构等方面进行平衡，否则会影响企业的长期发展。选择班子成员的关键是通过有效的沟通和授权，彼此之间建立一种信任关系。同时，要善于有效利用班子成员之间的冲突。**箭牌口香糖的小威廉·来格礼曾经说过："如果两个人的意见永远一致，就表示其中有一个人是不需要的。"**因此良性冲突的存在以及对冲突的有效引导和利用不仅有助于班子的团结和进步，也有助于企业的发展。

另外，对于那些提拔到领导岗位的不称职的领导者，绝不能心慈手软，要坚决铲除。一些领导者虽然身居高位，但是却没有发挥领导者作用，他们仅仅是工作骨干而已。他们没有担当领导者的角色和责任，这些失职领导者的存在至少有以下三种危害：

一是树立了很坏的榜样；

二是阻挡了那些有才能的人的晋升和职业发展；

三是导致公司业绩目标无法实现。

因此我们必须经常对班子成员进行考核，一旦发现其不称职的行为，或者影响了企业的发展，就要坚决地铲除。

3. 如何对班子成员进行考核？

对于班子成员的考核，除了传统的工作业绩考核外，还应该包括班子成员的职业发展潜力考核。职业发展潜力考核具体可以分为胜任能力（包括知识、专业技能等）考核和职业素质（包括组织忠诚度、个人信用意识、诚信品德等）考核等。只有既考核班子成员所完成的业绩，也考察其职业的发展潜力，才能够实现企业的绩效目标与个人的发展潜力目标设置协调一致、相互促进，才能够保证企业业绩长久持续的增长，以及班子成员的个人职业素质不断提高。

无论在什么情况下，企业领导班子的团结和稳定永远都是企业发展的首要条件。作为总经理搭班子最重要的是要注重团结，增强班子的凝聚力。没有一个意志统一的、有战斗力的班子，什么定战略、带队伍都做不出来。古今中外的许多例子告诉我们，宗派是形成团结班子的绝症，要杜绝一切可能产生宗派的因素。

唐朝后期，朝廷大臣形成以牛僧孺、李宗闵为首的“牛党”，和以李德裕为首的“李党”，两派交替执政，相互倾轧，争夺权力四十余年，使腐败的朝廷更加混乱。史称“朋党之争”。直到宣宗时牛僧孺病死，牛李党争才告结束。朋党之争给国家和社会带来了很坏的影响，以至于唐文宗为此感慨：“去河北贼易，去朝廷朋党难。”

任何人都要接受组织纪律的制约，因为一旦失去了制约，特别是那些拥有权力的人失去了制度和纪律的制约是很可怕的一件事情。所以，只有那些能够接受组织纪律的制约，具有较强的组织性纪律性、才德兼备的人才可以获得团队的重用，获得团队的信任。但是作为团队的领导者也不能因为过去一些小人的背信弃义而因噎废食，我们必须五湖四海。山外有山，楼外有楼。作为班子中的每位成员都应自觉地反对宗派主义，不参与非组织，不搞山头，不搞小团体，不搞自由主义，不搞哥们义气。只有摆脱了这种个人第一的思想和狭隘的人才观，把个人真正地融入到团队中来才是真正地对自己负责。只有严格遵守团队纪律，我们的团队才会不断发展，我们个人才会尽快找到实现自我价值的捷径，我们才会和团队共同成长。

把好舵，行好船——要制定发展战略

在20世纪80年代，日本企业的产品行销到全球，其产品的高品质低价格使得美国等西方国家感到非常的恐慌。可是十几年之后，大部分日本企业又远远落在了西方国家的后面。为什么？因为人们购买产品的目的不是为了选择价格低，而是选择最适合自己的。人们对那些富于创新的新技术和新产品愿意付出高价，而对优质但是雷同的产品则往往会选择低价。当一个企业仅仅依靠低价产品占领市场时，其必然无法在市场中长久立足。多数日本企业的衰退最主要的原因是没有应对市场变化的发展战略，而没有战略就无法打造企业核心竞争力。

柳传志认为定战略主要包括五项内容：

1. 确定长远目标；

2. 实现目标大致分几个阶段；

3. 当前最近的目标是什么；

4. 选什么道路到达；

5. 行进中要不要调整方向。

概括地讲就是企业要做什么，不做什么，怎么去发展。

从1988年开始，联想就制定并实施了一个海外发展战略，并达到了预期的目标。1998年，联想又制定了一个面向未来（2010年）的跨世纪发展战略和策略，这一战略正在有效地实施之中。以1998年联想对战略的表述为例，其定战略的步骤主要有以下几个方面：

1. 确定长远目标。联想把做一个长久的、有规模的高科技企业作为自己的奋斗目标，即在2010年之前以一个高技术企业的形象进入世界企业500强。

在制定战略的时候，柳传志和他的领导班子还着重做好了以下三个方面的基础工作：

第一，制定战略前对企业外部的发展环境和条件进行调查和分析。其中主要包括世界各个国家和地区的政治、经济、文化等方面的发展状况的调查分析，本行业以及准备进入的新兴行业的状况及前景预测与分析。

第二，对企业内部所拥有的人力、资金、社会等资源，以及创新能力、应变能力等各种能力的审视，包括形成价值链各个环节的分析；核心业务流程的分析；核心竞争力的分析等。

第三，对竞争对手的分析和比较。分析竞争对手的发展战略、实际情况等等。调查分析之后就是制定路线。

联想的领导班子在制定关系到企业发展存亡的战略时实施的是

民主集中制：听多数人的意见，和少数人商量，领导核心说了算。

2. 决定大致分几个阶段达到目标。联想将进入世界企业500强分为三步走：

第一步，在2000年完成经营收入30亿美元，利润1亿美元，进入世界计算机行业60强；

第二步，到2005年左右，要完成经营收入100亿美元，接近世界企业500强的最后一家；

第三步是进入世界企业500强。

3. 如何达到最近目标，以及用什么样的方法去实现最近目标是定战略最重要也是最关键的部分。

为寻找实现接近目标的方法，联想需要对世界计算机行业和中国高科技企业的发展进行基本的分析，对行业发展的规律和自身的特点进行准确的把握。鉴于把战略分解成具体的战术步骤的工作难度非常大，通常联想的具体计划一般只做一年，甚至更短，保持了“有所为，有所不为”的清醒。通过对企业内部条件和外部环境的科学分析，联想把国内微机市场、国内系统集成领域、代理销售领域、面对国际市场开发生产销售PC机的主机板作为实现2000年30亿美元经营收入的最重要途径。由于联想的班子成员在制定战术步骤的时候，充分地考虑了最恶劣的边界条件，将指标留有余地。联想因此在2000年完成了30亿美元的目标。

企业定好了的战略，并非是一成不变的。为了使企业的发展能够适应市场的变化，作为企业的领导者还要经常注意企业在行进中要不要调整方向，以及怎样调整才能够更好地适应市场，确保企业的生存和发展。

2000年，杨元庆和他的管理团队为了实现股东对联想利润持续增长的要求，选择了多元化的道路，开辟网络服务和系统集成软件两项新的业务。实施了多元化战略的联想开始面临着种种困境：一方面是新业务与制造业相差很远；另一方面是由于领导人的精力非常有限，多元化往往需要多部门的协调才能够完成。后来柳传志在评价联想的多元化战略时说，当时的管理团队尚“不善于利用企划部门”，杨元庆的很多重要决定都由自己负责，使得他在精力上以及配置资源时易出现问题。“做的结果今天看来不很成功。”柳传志说：“现在看来，问题主要出在管理层在制定多元化发展战略时，对所需的资源支持考虑得不够透彻。”很多事情都要一把手来决定，如果一把手没有这样的精力，事情就会被耽误了。2003年底，联想终于终止了自己的多元化战略，制定了专一业务和国际化发展的新战略。

为了能够使联想获得更快地发展，最近联想集团的首席执行官阿梅利奥又向社会揭示了联想的四大发展战略：

1. 使全球其他国家和地区的供应链效率达到中国市场的同等水平；

2. 加速国际市场交易，尤其是高速增长的PC业务；

3. 使联想台式机在国际市场上的竞争力达到中国市场的水平；

4. 在品牌方面，逐渐淡化IBM品牌，强化联想品牌。

你的工资里包含着带新人的报酬

小玲担任业务经理已经半年了。一天，老总对小玲说：“小玲，最近你的员工对你很有意见啊！”小玲听了非常吃惊。“我对我的员工很好啊！”小玲开始在老总面前叫起了冤枉，“我都很少训斥他们。”“就是因为这个。”老总说，“你的员工说你是个老好人，对他们要求不够严格，在你的手下他们觉得成长很慢。记住，你现在是业务经理了，你一定要对自己员工的成长负起责任来。”听了老总的话，小玲若有所思。

作为领导，仅仅是对自己的员工和善、宽容，能够以身作则，还是不够的。员工更加看重的是自己的成长和业绩，而不是一团和气。员工更加看重的是领导能够指出自己工作中的问题和自身的缺陷，更加喜欢那些能够真正辅导自己成长的领导。因此一个成功的领导往往能够带领员工在工作中成长，实现和企业的共同发展。

一个将军再有本事，也需要一帮齐心协力的战士，所以队伍的好坏直接影响企业的作战能力。在搭班子、定战略、带队伍的管理三要素中，最为基础的工作就是带队伍。联想集团认为带队伍的内容包括了以下几个方面：

1. 企业在不同的发展时期应该有与之相适应的组织结构，使得企业的运作效率达到最高；

2. 应该建立相应的企业文化，以确保员工的个人目标和企业目标能够始终保持一致，加强企业的凝聚力；

3. 应该建立一种能够让员工令行禁止的企业管理模式；

4. 应该实行一种有效的激励方式使企业员工发挥最大的创造力，培养出色的领军人物。

柳传志强调在带队伍时有两个方面最为重要：

第一个是，作为战士要爱打仗，愿意打仗，想打仗。

第二个是，战士还要会打仗，要有能力。

作为带队伍的领导主要得考虑怎么让自己的战士们达到这两点。

首先，要让员工们知道，进入这个企业，进入这个队伍就要服从管理，否则就请另谋高就。但是一些企业，特别是小企业很难做到这一点。有些领导者恨不得巴望着与某些重要人物挂上关系，一旦有重要人物的子弟进了企业，就可算是攀上这个高枝儿了，企业就指望着他赚钱了。事实上，把企业的发展寄托在一个人身上，可能一时会经营得不错，但这样的企业是很难做长久的。因为破窗效应告诉我们：一旦规则被破坏，队伍就会变得涣散了，结局就没法收拾了。在面对那些与重要人物有瓜葛的人时，领导者要想好企业是否的确需要这个人，进来以后企业怎样使用和管理，无法管理时怎样请他离开。如果你无法妥善地解决这三个问题，那么最好就别要这个人。

其次，要实施有效的激励措施，让自己的队伍更加具有战斗力。柳传志认为激励主要有两个方面，第一是企业文化，第二是物质和精神上的激励。物质和精神的激励，就是把员工的追求融入到企业的目标之中。企业必须善待员工，必须要把目标设置得和员工一致，高科技企业尤其要如此，这样，企业才能办得好。联想设计出认股权证、期权、35%的分红权、奖金激励等办法，尽量用激励的方法让员工和联想的利益相一致。同时，企业尽量让员工在负责他自己的事情时有自己的舞台。让每个员工都能感觉到他自己这块事情是他自己设计的，是他自己做的。因为有关调查显示，福利待遇并非是影响员工敬业度乃至决定跳槽的最主要原因，而企业对员工工作成就的认可程度更能激发员工对企业的忠诚。因为如果连员工的工作都无法得到企业的认可，那么他必然无法对他的工作产生兴趣，更谈不上敬业了。

再者，是注重人才的选拔和培养。柳传志认为："培养一个战略型人才和培养一个优秀的裁缝有相同的道理，不能一开始就给他一块上等毛料做西服，而是应该让他从缝鞋垫做起。鞋垫做好了再做短裤，然后再做长裤、衬衣，最后才是做西装。不能拔苗助长，操之过急。"现任神州数码总裁郭为是从秘书做起，岗位先后变动达十余次。而联想集团董事长杨元庆则是从推销员做起的。柳传志在培养杨元庆、郭为等人时，首先是让他们逐渐参与决策，参与管理，逐渐在价值观、思想方法甚至工作技巧等诸方面求得一致；其次是要求他们杜绝被动式接受的现象，要学会主动思考，当一台创造执行的"发动机"；最后是明确责任、权力和利益，给他们以机会和舞台，让他们在工作中锻炼成长起来。在柳传志看来，最好的认识人才和培养人才的方法就是让他做事。早在20世纪90年代初，联想就开始实施在赛马中识别好马的策略，并且逐渐地将那些优秀的年轻人推到前面。几乎每年联想都会有数十名年轻人得到提拔。许多部门的主任经理都由年轻人担任。在训练年轻人搭班子、协调作战能力这一方面，柳传志更像一个言传身教的师傅，把自己亲身经历的体会告诉他的部下。他认为一个优秀的人才既要坚持原则，又要善于妥协。坚持原则才能有正气，善于妥协才能保证团结。

附：

让你的员工充满激情

富有激情的员工往往会给企业带来意想不到的价值。富有激情的团队和企业文化是企业的核心竞争力。要让你的员工永远充满激情就要做到以下几点：

1. 让每位员工都了解自己在团队中的地位和职责，并且让员工知道自己所担负职务的重要性；要经常和他们讨论他们的工作表现，以示自己对员工的重视。

2. 制订长、短期目标，并且让每一位员工清楚公司的发展目标。同时注意让员工参与和他们切身利益有关的计划和决策。尽可能委婉地让所有的员工都了解你的真实想法，因为没有人喜欢被蒙在鼓里。

3. 虚心听取员工的建议和意见，他们的建议也许会使工作开创新的局面。特别是当你发现有人发牢骚时，你要赶紧找出他们感到不满的地方。同时要尽力安抚员工的不满情绪，否则会影响其他员工的情绪。如果有人言行怪异，你要立即追查缘由。

4. 及时地对作出成就的员工给予奖赏，并且做到奖赏力度要与成就相当。要学会把握每一个机会，让员工感到他是你的骄傲，这样能使他们发挥最大的潜力。

5. 信任员工，并且赢得他们的忠诚和信任。对员工的信任和尊重，往往能激发他内心的潜力，使其作出非凡的成就。

6. 走近员工，了解他们的爱好、习惯和最感兴趣的事物，对他们了解得越多，你就越容易获得他们的支持。

7. 一旦你要作出某种改变，应事先通知员工，以便让其做好心理和行动上的准备。因为这样会使员工的工作效率更高。

8. 解释为什么要做某事，让员工明白你的目的和要求，他们会把事情做得更好。

9. 犯了错误，要主动承认，并向员工表示歉意。推卸责任，责怪旁人，只会让员工瞧不起你。

10. 在责备员工之前，要先指出他的优点，要向员工表示你在真心地帮助他；责备员工时，最好能够为他提出建设性的批评，不但要列出批评的具体理由，还要帮助其找出改进的方法。

11. 支持你的员工，员工应有的权利与责任是不可分的。在分派给员工工作和任务时，不仅要赋予重任，也要赋予充足的权力。

3. 激情飞扬、放飞梦想——向小马学习

梦想，在我们的心里，随时会给予我们以力量，随时会点燃我们的激情。马云说，人没有梦想，没有一点浪漫主义精神，是不会成功的。他还说了一句很有意思的话：我们讨论一个方案时，如果90%的人都同意，那就直接扔进垃圾筒，因为大家都是这么想的，别人也能做，所以不要做。

没有一点浪漫主义精神，不会成功

从前有个人问一个放羊娃：你放羊为啥？放羊娃说：挣钱。挣钱为啥？娶媳妇。娶媳妇为啥？生娃。生娃长大了干啥？放羊。

也许很多人都会笑话故事中那个没有文化、缺乏梦想的放羊娃。因为像放羊娃这样的人生就好像在围绕着圈子拼命奔跑，跑呀跑呀，你一直也跑不出那个小圈子。事实上，很多人都对自己没有足够的信心，最大的梦想也就是“等咱有钱了，买豆浆喝一碗，倒一碗”。因为很多人不是不想有自己的梦想，而是怕面对梦想未曾实现的失落，以及别人对自己失败的冷嘲热讽。

阿里巴巴集团董事局主席马云说，人，如果没有梦想，没有一点浪漫主义精神，是不会成功的。

1999年2月21日，没有计划、没有资金、没有技术的马云，只是看到了电子商务模糊的前景，就认定这是他的梦想。马云想创办一个全世界最伟大的公司，希望全世界只要是商人就一定要用他的网络。于是他们18个人凑够50万元创办了阿里巴巴。他们要把阿里巴巴建成中国人自己的电子商务网站，把买和卖的信息经过人工处理后在网上进行公布。可是在以烧钱著称的互联网领域，50万元只是杯水车薪。虽然马云和他的团队力求节约每一分钱，阿里巴巴也仅仅维持了七八个月，便宣告弹尽粮绝。幸运的是阿里巴巴很快就获得了高盛为首的投资集团500万美元的投资，随即便又一举获得了软银老总孙正义3500万美元的投资。原定1个小时的讲述，马云刚讲了6分钟自己公司的目标，孙正义就从办公室那一头走过来说："我决定投资你的公司。"在马云看来，孙正义与他都是有梦想的人，"孙正义与我有共同的地方，一是迅速决断的人；二是想做大事的人；三是能实现自己想法的人"。

经历曲折、曾以养猪为生的孙正义从小就有着许多梦想，并且将其一一实现。他说过："一个梦想和毫无根据的自信，一切都是从这儿开始的。"软银每年接受700家公司的投资申请，只对其中70家公司投资，而孙正义只对其中一家亲自谈判。孙正义之所以选择了马云，就是因为被他的梦想所打动，被他的激情所感染。

梦想点燃激情，激情成就梦想。马云把激情作为阿里巴巴价值观的一个重要组成部分。他说，年轻人都有激情，但年轻人的激情来得快去得更快，只有持续不断的激情才是真正值钱的激情。你可以失去一个项目，丢掉一个客户，但你不能失去做人的追求，这就是激情。失败了再来，这就是激情。马云告诉自己的员工："电子商务是一个新的领域，我们最重要的是永远为所激情的事情激情下去。"

马云不仅坚持自己的梦想，同时也把自己的梦想和激情传递给了自己周围的每一个人，从而吸引了更多的优秀人才加入自己的团队，也使得企业获得了飞速的发展。一位香港 IT 高手 TONNY 想加盟阿里巴巴，马云给出的条件是"每月 500 元"。TONNY 说："这个钱我连给加拿大女朋友打电话都不够。"马云掉头走了。可是 TONNY 在和阿里巴巴几个同行聊了一会儿后，立刻就改变了主意，他说："我还是在这儿干吧。"现任 COO 蔡崇信曾经任瑞典 AB 公司副总裁，在一次业务访问后决定加盟阿里巴巴，AB 公司也因此决定投资阿里巴巴。因为他们都为阿里巴巴的员工们对梦想的执著和燃烧的激情所感染。

在美国流行着这样一句谚语："不要订微不足道的计划，因为它没有使人热血沸腾的魅力。"有了远大的梦想，你才会焕发出无限的激情和高昂的斗志。也正是因为梦想，才成就了阿里巴巴的辉煌。目前，阿里巴巴已经是全球最大的 B2B 电子商务网站，占据中国电子商务市场 51% 的市场份额。在全球拥有注册用户 2460 万名，付费会员 25.5 万名。2007 年 11 月 6 日，阿里巴巴正式在香港挂牌上市，开盘价 30 港元，比发行价高出 122.2%，上市首日市值超过 260 亿美元，创下中国互联网公司融资规模之最。阿里巴巴被称为中国互联网的一个奇迹。但马云并不满足，他说下一个奇迹还会产生在阿里巴巴。

马云认为，一个企业家和一个企业应该有一个梦想。他说：

"我希望阿里巴巴能成为一家'百年老店'，并对人们产生一定的影响，就像通用电气、微软或IBM那样。"他的梦想是让阿里巴巴在未来10年内进入全球三大顶级互联网公司的行列，同时进入世界企业500强。

2007年1月8日，马云又成立了一家专业提供电子商务工具的软件企业——阿里软件。其为阿里巴巴集团继阿里巴巴、淘宝、支付宝和雅虎后的第5家子公司。马云向世人毫无保留地宣布了自己新的梦想："我已经为此梦想了五年，准备了3年，我坚信3年以后，阿里软件将成为中国最出色的软件公司。"阿里软件成立以来，已投入近3亿元人民币，今后预计每年还将至少投入1亿元以上。

马云的软件帝国梦是否能够实现？这个被称为软件行业的"狂人"能否将他在互联网的成功模式复制到软件产业中？也许我们能够从马云的一句话中找到答案："我们讨论一个方案时，如果90%的人都同意，那就直接扔进垃圾筒。因为大家都是这么想的，别人也能做，所以不要做。"

凡事做了就有可能成功

井植岁男创立了跨国公司三洋企业。有一天，为三洋服务的园艺师向井植岁男请教成功的秘密："社长先生，您的事业愈做愈大，而我却还是一个为您打工的园艺师。请您告诉我一点成功的秘诀吧！"

井植笑着说："好吧，我看你十分擅长园艺工作。我的工厂附近有一大块空地，我们可以种一些树苗！一棵树苗多少钱?”

园艺师答：“40元。”

井植又说：“好！以每平方米种两棵计算，我们大约可以种2.5万棵树，树苗成本刚好100万元。3年后，一棵树苗可以卖多少钱?”

园艺师答：“大约3000元。”

井植果断地说：“就这样定了，我来付100万元购买树苗和肥料。你就负责浇水、除草和施肥工作。我们3年后就可以挣到600万的利润，那时我们五五分成。”

可是园艺师却摇摇头拒绝了：“啊！那么大的一笔投入，我看还是算了吧。”

结果园艺师只能还是做他的园艺工作，为三洋打工。缺乏胆识，不敢尝试，使得园艺师错过了一个送上门的成功机会。

德国诗人歌德说过：“风帆，不挂上桅杆，是一块无用的布；理想，不付诸行动，是虚无缥缈的雾。”凡事做了就有可能成功，不做就一定不会有希望。许多人没有成功，就是因为他们连尝试的勇气都没有。

1995年，马云受浙江省交通厅委托，到美国催讨一笔债务。结果是钱没要到一分，倒发现了一个“宝库”——在西雅图，刚刚学会上网的马云为自己的翻译社做了一个网上广告，上午10点把广告发送上网，中午12点前他就收到了分别来自美国、德国和日本的6个电子邮件，说这是他们看到的有关中国的第一个网页。

马云当时就意识到互联网是一座金矿："这里有很多的生意可做!"于是马云产生了一个在当时让所有的人看来都非常疯狂的念头：把中国企业的资料集中起来，快递到美国，由设计者做好网页向全世界发布，利润则来自向企业收取的费用。马云立刻行动起来，找了个学自动化的"拍档"，加上妻子，一共三人，两万元启动资金，租了间房，就开始创业了。这就是马云的第一家互联网公司——海博网络，产品叫做"中国黄页"。这也是世界互联网上最早出现的以中国为主题的商业信息网站。所以国外很多媒体称马云为中国的Mr. Internet。

在以后的很长时间里，马云经常在杭州街头的大排档里向人们滔滔不绝地推销自己的"伟大"计划。可是在那时候，很多人还不知互联网为何物，以至于很多人都认为马云是骗子。1995年他第一次上中央电视台录制节目。有个编导跟记者说，这个人不像好人！其实当时在很多没有互联网的城市，很多人都把马云当做了"骗子"。但马云仍然像疯子一样不屈不挠地推销自己的网站。他每天都在这样提醒自己："互联网是影响人类未来生活30年的3000米长跑，你必须跑得像兔子一样快，又要像乌龟一样耐跑。"然后他出门就跟人侃互联网，试图说服客户，让大家相信互联网的价值。业务就这样艰难地开展了起来。1996年，互联网渐渐普及了，马云的营业额迅速攀升到了700万元!

1997年，马云受外经贸部邀请来到北京，加盟一个由联合国发起的项目——EDI中心，并参与开发外经贸部的官方站点以及后来的网上中国商品交易市场。在这个过程中，马云更加坚定了自己"用电子商务为中小企业服务"的信念。马云在进行了市场研究后认为，互联网上商业机构之间的业务量，比商业机构与消费者之间的业务量大得多。他打了个非常形象的比喻：“听说过捕龙虾富的，没听说过捕鲸富的。”1999年，马云和他的团队回杭州创办“阿里巴巴”网站。然后，马云开始到世界各地演讲：“B2B模式最终将改变全球几千万商人的生意方式，从而改变全球几十亿人的生活！”一传十，十传百，阿里巴巴网站在商业圈中声名鹊起！阿里巴巴两次入选哈佛大学商学院MBA案例，在美国学术界掀起研究热潮；连续五次被美国权威财经杂志《福布斯》选为全球最佳B2B站点之一；多次被相关机构评为全球最受欢迎的B2B网站、中国商务类优秀网站、中国百家优秀网站、中国最佳贸易网；被国内外媒体、硅谷和国外风险投资家誉为与Yahoo、Amazon、eBay、AOL比肩的五大互联网商务流派代表之一。

汤姆·J. 沃森说过，成功就在失败的另一端。不敢尝试，虽然没有了失败的顾虑，但是也不会受到成功的垂青，你只能平庸地度过人生。

你的选择是做或不做，但不做就永远不会有机会。之所以这个世界上成功的人十分的稀少，是因为许多人在成功的机会到来的时候，常常是畏惧失败带来的痛苦和损失，于是主动地放弃了成功。

因此成功是需要胆识的，要敢于尝试！网易的创始人丁磊说过：“人的一生总会面临很多机遇，但机遇是有代价的。有没有勇气迈出第一步，往往是人生的分水岭。”

成功在于尝试，但是我们也并非是要进行无谓的冒险，而是要在平时注意培养和锻炼自己的胆识，以提高成功的概率。

1. 通过知识的积累来培养胆识。

20世纪60年代，在一次导弹试验中，因在加泄推进剂时操作有误，导弹的弹体瘪进去一块。现场的人们都十分紧张，认为这会导致导弹不能发射。科学家钱学森在了解情况后，亲自爬到发射架上，察看故障情况。他认为箱体的变形并未达到结构损伤的程度。他根据自己的经验认为这是由于试加推进剂后，泄出时忘了开通气阀造成箱内真空，外面空气压力大，压瘪的。当导弹点火发射之后，箱内就会充气，弹体内压力会升高，壳体就会恢复原来的形状，所以他主张发射照常进行。可是许多人都认为这会有很大的风险。负责发射指挥的基地司令员甚至拒绝在报告上签字。最后聂荣臻元帅亲自批准了钱学森的报告，果然这次发射获得了成功。

胆识的产生源自于我们日常知识的积累，以及对事物去伪存真的眼光和判断力。有人之所以没有胆识，是他们没有足够的知识积累，常常为别人的意见和看法所左右。

2. 通过不断地挑战自己来培养胆识。

经常努力去做一些看似自己不可能完成的工作，并确保通过努力取得成功，天长日久就会逐渐积累起勇气，变得有胆识。而那个卖豆腐的人之所以仅能够以卖豆腐为生，就是因为他缺乏一种挑战自己的勇气。胆识是自信的最高境界，也能成倍的提升人格魅力。狭路相逢，勇者胜。

胆识是一种来自内心的自信。对自己的自信和对原则的一贯坚守，会让你表现出非凡的胆识，你也会因此得到上司的赏识和下属的钦佩。

3. 敢于面对。

那些怕鬼的人一般都是心里有鬼。鲁迅年轻时在绍兴中学任教。一天读书到了深夜，他才从学校回家。突然他发现前面路边的坟地里有一道白光，心里吃惊："难道有鬼？不管，我只管走我的路。"他发现自己走，那个影子也在走，而且还越来越近。鲁迅心想："世间只有鬼怕人，人间没有人怕鬼。"于是，他一脚朝着那影子踢去。白影"哎哟"一声，仓皇逃离。原来是个盗墓贼。

许多时候，我们缺乏胆识，是我们害怕面对可能发生的不好的结果。当我们能够坦然面对各种困难和坎坷的时候，我们也就没有了畏惧之心，胆识也就从内心中油然而生。

管理学大师余世维在他的《如何培养领袖性格》讲座中，提到了一些培养胆识的方法，下面给大家列出来，以供参考：

1. 不要常用缺乏自信的词句，不要自我设限，要暗示自己能；

2. 不要常常反悔，对已经决定的事轻易地推翻；

3. 在众人争执不休时，不要没有主见；

4. 遇有不公、不正、不仁、不义的事情，不要一味地沉默；

5. 对于犯错的员工，不要不好意思去处罚。

超越金钱坚持理想，坚持理想超越金钱

1999 年，马云对阿里巴巴的客户们说，仅有 50 万元资金的阿里巴巴将来会创造 50 亿美元的市值。许多人都笑了，认为马云是个幻想狂。

2002 年底，互联网冬天刚过，马云提出，阿里巴巴 2003 年将实现赢利 1 亿元。当时也有许多人认为这是不可思议的，但事实上，阿里巴巴实现了这个目标。

2003 年底，马云又提出了一个新的梦想，2004 年实现每天利润 100 万，2005 年实现每天缴税 100 万。他不仅达到了自己的目标，而且还斥资 10 亿美金收购雅虎中国，成为了中国最赚钱的网站。

马云所提出的每一个目标都曾经招致诸多的怀疑和反对。但马云就像一个神奇的造梦者，每一个当初看似不可能实现的梦想后来都由于他对梦想的坚持一一变成了现实。

马云说："我不知道什么叫成功，我只知道——只要你放弃了，你就失败了。"今天很残酷，明天更残酷，后天很美好，但绝大部分人是死在明天晚上，所以每个人不要放弃今天。

在美国《商业周刊》全球范围内评选的 20 名 2007 年最佳领袖中，马云成为唯一入选的中国企业家。他与新闻集团 CEO 默多克、谷歌 CEO 埃里克·施密特等业界大亨共获殊荣。而在《商业周刊》同时评出的 24 位对世界未来商业、财政和经济有着重大影

响力的2008风云人物中，马云再次入选。

2007年11月6日阿里巴巴上市。上市首日市值超过260亿美元，创下中国互联网公司融资规模之最。当时，绝大多数人都会认为马云将因此成为新一代中国巨富。但出人意料的是，马云所持的股票只值22.7亿元，马云等人合计持有上市公司的股份只有12.79%。与盛大陈天桥个人持股75%、百度李彦宏个人持股25%所不同的是，马云所实施的“全民持股”计划，让阿里巴巴的员工中诞生了数百名百万富翁。

因为马云认为：“真的想赚钱的人要把钱看轻，如果你脑子里只有钱，你是很累的，钱应该是一个副产品，你事业成功的话一定会有钱的。”

马云在阿里巴巴的招股说明书中称，要为中小企业构建更大的网上交易平台。其实马云打造了一种卓越的营销模式，他完全有条件成为供应链单元中的链主。但是马云始终坚持这样的原则：“我就是为中小企业服务的。”虽说他也赚钱，可是他并不大搞寻租，通过掠夺别人的钱来塞满自己的腰包，而且他赚钱也不是光为自己一个人。马云要为所有的人开出一条通向财富的光明大道。

马云认为：“世界上最愚蠢的人，就是自以为聪明的人；同样，最想自己发财的人，往往也发不了财。”他建议大家，要想真正发财，先得将钱看轻。

马云在回顾阿里巴巴的创业历程后，认为企业之所以能够走到今天，其中最重要的就是因为坚持了自己的理想。自1999年创业，阿里巴巴以“让天下没有难做的生意”的强烈使命感和服务第一、客户第一的价值观，实现了惊人的跨越，从18人发展到如今的7000多人，成了拥有5家企业的上市公司，产品市场占有率超过80%。马云认为，这是阿里巴巴坚持自己理想的结果。1999年，马云提出要做80年的企业。在互联网最痛苦的时候，2001年和2002年，马云在公司里面讲得最多的字就是“活着”。他说：“如果全部的互联网公司都死了，但是只要我们还活着，我们就赢了。我永远相信只要永不放弃，我们还是有机会的。”

喜欢金庸武侠小说的马云是个彻底的理想主义者和英雄主义者。他的阿里巴巴为中小企业提供交易平台，正是侠客精神在互联网领域中的一种反映。也许有人会认为阿里巴巴的上市使马云的财富被摊薄，但是，实际上上市使阿里巴巴的价值变得更高，马云则比以前更有钱了。因为马云深深地懂得，阿里巴巴只有作为一个企业，而不是作为马云的个人财产的时候，它才会有更好的、更长远的发展。

朝鲜有句谚语说：“通向崇高目标的道路，总是崎岖而艰难的。”万通董事长冯仑也常常对自己的团队说：“超越金钱坚持理想，坚持理想超越金钱。”“伟大是熬出来的，毅力是时间的函数，痛苦是成功的加油站。”因为许多像马云、冯仑、王石这样成功的企业家懂得这样一个道理：如果目的只盯在钱上，那么事业就会越做越小。当然钱也是很重要的。公司不管有多大规模，都是有边界的，钱也是有边界的。但是企业家对于信念、理想的追求应该是没有边界的。只有做到这一点，你才可以引导企业更好地发展。当企业家不再是为个人的“钱途”而斤斤计较的时候，企业中的各种矛盾也就迎刃而解了，人与人之间相处就会变得非常容易，企业也就更加容易挣到赖以发展的钱。

当时，阿里巴巴基本上是一个“三无”企业，无资金、无技术、无计划，但是他们最终存活了下来。原因就是因为马云和他的团队都相信一件事：全球视野，本土能赢。在这一理想的指导下，马云他们自己设计业务模式，主要关注如何帮助中小企业赚钱。马云从不像许多中国的互联网企业那样从美国拷贝经营模式，马云关注产品质量，力求要实现“点击，得到”。如果不能得到，那就是垃圾。马云全心全意地为中小企业建立一个平台，与中小企业一道打造一个同客户连在一起的营销单元，让中小企业有更大的利润空间，全心全意地为中小企业服务。这样，中小企业就更愿意使用阿里巴巴。

马云常给员工们讲，小聪明不如傻坚持。当年阿里巴巴刚刚起步时，很难招到员工。马云开玩笑说：“是把大街上能走路的都招进来了。”后来这些人中有很多“聪明人”离开了公司去创业，可是真正成功的也没几个，倒是一直留在公司“没地方去的那些不聪明的人”，随着互联网的迅猛发展，收入越来越高。所以马云感慨地说，有时候小聪明还真不如傻坚持，守得住寂寞才能成器。

而马云本人就以自己的行动实践了“走自己的路，让别人说去吧”这一箴言。在刚刚成立阿里巴巴的时候，马云去世界各地演讲，拼命推广电子商务，被人当成疯子、傻子甚至骗子。但是他毫不在乎，“我们在做这个公司的时候，我是不在乎别人怎么看的，我只在乎我的客户怎么看，我的员工怎么看”。在互联网开始进入低潮之时，马云说出了让许多人印象最深的一句话：“我相信Internet的梦想不会破灭！”马云对自己的选择充满了自信。就是这样近乎偏执地坚持了八年之后，马云带领着阿里巴巴创造了奇迹。

梦想多高，就能飞多高。潘石屹说，我觉得，人，一定要有梦想，梦想这个东西特好！有梦想才有动力。**姚明说过，一定要有比二米二三更高的梦想，只要你坚持。**正是对于梦想的坚持，使得姚明克服了左耳丧失大部分听力、两肩狭窄、胯骨宽大、刀削脚且多次骨折等这些并不利于打篮球的身体弱点，成就了自己在NBA的辉煌成就。真正能激励人们奋发向上的是：确立一个既宏伟又具体的远大目标。许多人惊奇地发现，自己之所以达不到目标，是因为自己把目标定得太小，而且太模糊，使自己失去了主动性。如果你的目标不能激发你的想象力，目标的实现就会遥遥无期。因此我们一定要让自己走出舒适区，不断寻求新的挑战。因为只有挑战，才会使你坚强，使你获得新的力量。

新东方董事长俞敏洪说过："从绝望中寻找希望，人生终将辉煌。"也许我们在实现梦想的路途中会遇到各种各样的问题和困难，但是我们一定要对自己充满信心。因为即便是在地产界成就卓著的王石也认为："做企业比登珠峰难，登峰熬了20天，但是我搞企业熬了20年，还在熬。"有人认为登山是征服高山的过程，其实，登山的过程是人一次次征服和挑战自己的过程。只有不断地挑战自己，才会让自己不断地登上梦想的新高度，迎来新的发展。"万里飞腾仍有路，莫愁四海正风尘"。谨借夏完淳的诗句，送给那些拥抱梦想和激情的人们，祝愿大家都能够有个好收成。

梦想不是疯狂

在威斯敏斯特教堂英国圣公会主教的墓碑上刻着这样一段话：

当我年轻的时候，我的想象力从没有受过限制，梦想改变这个世界。

当我成熟以后，我发现我不能够改变这个世界，我将目光缩短了些，决定只改变我的国家。

当我进入暮年以后，我发现我不能够改变我的国家，我决定只改变我的家庭、我亲近的人——但是，唉！他们根本不接受改变。

现在在我临终之际，我才突然意识到：如果起初我只改变自己，接着我就可以依次改变我的家人。然后，在他们的激发和鼓励下，我也许就能改变我的国家。再接下来，谁又知道呢，也许我连整个世界都可以改变。

法国作家雨果说过："在梦中播下再多种子，也得不到一丝丰收的喜讯；在田野上哪怕只播下一粒种子，也会有收获的希望。"因此，人不可以没有梦想，但也不可以疯狂。

西方谚语说："上帝想让谁灭亡，必先使其疯狂。"《财经》杂志在评价德隆的唐万新时给出的定语是"枭雄"——一个清醒地制造危机的赌徒，一个梦想把火山化作金矿的狂人。德隆从其涉足水泥产业，到"湘火炬"和"沈阳合金"，从大汽配到重型卡车，从电动工具到园林工具、数控机床……到后期，德隆参股的公司多达177家。

唐万新非常崇拜通用电气的经营模式，连收购都刻意学通用电气——只买行业第一名，如果没有机会买到第一名，就绝不投资。但可惜的是，除了番茄酱外，德隆没有建立起任何所谓的产业优势。由于战线拉得太长，尽管德隆系上市公司旗下的数百亿元的产业链每年大约能产生6亿元利润，但是这笔钱仅仅用来偿还银行贷款还十分的紧张。再加上德隆每年产生的巨额管理费用和民间拆借资金成本，德隆的现金只能是入不敷出。最终，德隆只好将其拥有的全部资产不可撤回地全权托管给了华融公司，悄然谢幕。

万通的冯仑说过，对男人来说，承认失败、主动收缩的决心是很难下的。而很多时候男人张狂、征服的本性和想要成就一世英名的虚荣心把事业的方向给误导了。

起家于天津的顺驰地产就是沿着德隆的轨迹跑向坟墓的又一个疯狂的企业。只要是个人就往公司进，有地的地方就去开发，两年内顺驰就已经长成了一棵参天大树——从2001年的1000人达到了2万人的规模。据统计，顺驰自2003年9月至2004年3月的半年间，已经进入了北京、石家庄、上海、南京、无锡、苏州、成都、长春、榆次、荆州、保定、武汉等城市并开始了作业，获得的土地项目超过了10个，面积超过了5000亩，购地资金近70亿元。一些业界人士认为：从资金流上看，以顺驰当时的实力，除非有强大的财团或银行做后盾，否则按期交付地价款是不可能的。实际上，顺驰一方面在许多城市都在拖延交付地价款，另一方面则继续高价拿地，甚至多次出现成交价比起拍价高出一倍的情况。因此很多业界人士认为，顺弛在赌博，高价拿地的时候就没有准备按时还钱，其同政府公信力博弈，属恶意竞争行为。

“顺驰太阳城简直就是纸糊的。”一位业主这样评价顺驰的

"全国十大名盘"天津太阳城。随着顺驰全国扩张的步伐，顺驰的麻烦也接踵而至。2004 年 2 月，北京顺驰房地产经纪公司涉嫌伪造央产房交易办公室公章进行交易；2004 年 3 月，南京顺驰房地产经纪公司被消费者投诉 10 多起，为此南京市房管部门发出两封整改通知书，暂停其办理交易手续；2004 年 6 月 6 日，《金陵晚报》发表《一夜降价 1.5 万，顺驰二手房价水分惊人》的文章，对南京顺驰房地产经纪公司的违法行为进行曝光……

"在中国没有因为发展太慢而垮掉的企业，只有因发展太快而拖垮的企业。"当时一位地产大鳄说出了自己对顺驰公司发展状况的看法。不计成本的快速扩张终于导致"地产黑马"顺驰的资金链出现问题。2005 年 11 月，顺驰开始在全国裁员；2006 年 2 月，集团宣布撤并三大区域分公司；9 月，路劲基建入主顺驰。

对前途的过于乐观和对前途的过于悲观是一样让人们感到悲哀的。因为梦想不是疯狂。北京腾驹达管理顾问有限公司董事长景素奇在总结近几年企业失败的案例时说，当企业的老板处于疯狂状态的时候，企业离死就不远了。他认为衡量老板是否疯狂有三个指标：

第一，语言疯狂。比如要把喜马拉雅山炸开一个口子的牟其中，说 TCL 死定了的顾雏军。

第二，行为疯狂。私设公堂的大邱庄"庄主"禹作敏。

第三，"不务正业"——经营疯狂。疯狂地跳进资本运作旋涡的德隆。

柳传志说过，要有理想但不要理想化。俗话说，人不可以一口吃个胖子；饭要一口一口地吃，房子要一砖一瓦地垒。奈廷格尔伯爵说过，成功就是循序渐进地实现一个有价值的目标或理想。要成功，要实现自己的梦想，首先要让自己的梦想建立在现实的土地上。

当初，孙正义的软银决定投资阿里巴巴3000万美元。可是回国后马云却反悔了，他不是嫌钱少了，而是嫌钱太多了。马云对孙正义的助手说："我们只需要足够的钱，2000万美元，太多的钱是坏事。"

为什么到手的钱不要？有人认为，马云行为不理智，是在赌博。马云说："是的，我在赌博。但我只赌自己有把握的事。尽管我以前控制的团队不超过60人，掌握的钱最多200万美金，但2000万美金我管得了，过多的钱就失去了价值，对企业是不利的，所以我不得不反悔。"马云一再强调："阿里巴巴永远坚持一个原则：我们花的是投资人的钱，所以要特别小心。如果今天花的是自己的钱，可以大手大脚。雅虎是今天世界上最小气的公司。而我们每天考虑的也是如何花最少的钱，去做最有效果的事情。"因为马云知道梦想并不是疯狂。他常说："互联网失败一定是自己造成的，要不就是脑子发热，要不就是脑子不热，太冷了。"马云认为，创业者在确定了梦想之后，还要懂得舍弃。他说："阿里巴巴有今天，很重要的一点是几年来我们只做电子商务，没有进入其它领域。"

《孟子·离娄下》云："人有所不为也，而后可以有为。"被人们誉为中国巴菲特的步步高董事长段永平认为，一个理想主义者是走不远的，因为他做任何事都会好高骛远；而一个纯粹的现实主义者又做不大，因为他太看重眼前，太小里小气。只有将两者结合起来，以平常的心态去看待所发生的事情，才会有所成就。他认为自己胸无大志，只是在踏踏实实地做事。步步高在三个行业里的的确确是第一，但步步高从来没有宣传过自己第一。他说："步步高不会说'要做中国的松下'这样的话，我们只会提一年的目标、两年的目标、三年的目标。如果有人问：'你五年的目标有没有？'那么我会明确地告诉大家，咱没那个水平。10年前我只能看到下一个月的目标。"段永平强调：在成功的道路上欲速则不达，就像做品牌一样需踏踏实实，一步一步来。他说："对成功的鉴定不在于别人对你的评价，而在于你自己的看法。一个成功者首先应该很快乐，其次才是有成就感。但无论什么时候都要有平常心，应该坦诚、自然、踏踏实实，这是我对人生的一种理解和感悟。"

在商海中几度沉浮的著名企业家史玉柱在谈及自己的成功和失败的体验时说："作为一个企业的一把手是很容易浪漫的，实际上我也是。很容易浪漫，就会不太符合现实。一个企业还是要尽量地能少做一件事，就少做一件事。但是你做了那件事，你就要把它做深、做透、做好。实际上这样的话，发展可能还会更快一点，比你同时一会儿做这个，一会儿做那个，可能还要好。一个企业要有一个平常心，不要太浪漫了，这是最重要的。"

史玉柱这里所说的浪漫也就是说，不要不切合实际的空想，要确立一个适合自己的、经过努力可以实现的目标。一个人、一个企业的能力是有限的，不该自己赚的钱，别去赚，要做到量力而行。做企业要杜绝心浮气躁，要杜绝搞大跃进。著名管理学者郎咸平认为，做企业就应该一步一个脚印，先把企业做强了然后再做大，这才是正途。而不是做大了再做强，盲目做大不会强的，一定会弱，而且一个弱的企业很容易倒闭。一个强的企业，虽然竞争压力很大，但它可以撑比较久。**企业家应该学习做不可行性报告，学习放弃机遇，这才是企业家应该做的事。保守，注重现金流，注重控制成本，才是未来成功的企业家。**

要实现梦想，就是要摒弃空想，就是要杜绝疯狂的激进行为。要实现梦想就是要让自己的梦想落地，就是要重新解读成功的含义和重新认识自己，给自己的成功一个适合自己的标准和定位。要实现梦想，首先要锁定一个近期的小目标，把你的精神集中在最近一阶段的短期目标上，抛弃未来带给你的无端烦恼，使你更加有效地把握现在。只有注意积累每一个细小的成功，我们才能建成自己完美的梦想大厦，实现自己的宏伟蓝图。

附：

中小企业的战略类型

美国“股神”巴菲特说过：“在其他人都投了资的地方去投资，你是不会发财的。”21世纪是一个变革的时代，中小企业只有制定适合企业和市场的战略才能够把握住每一个发展的机会。因为一旦战略出了问题企业就会有灭顶之灾。中小企业制定经营战略时应遵循以下原则：企业未来产品经营方向与生存发展战略保持一致，企业潜在核心能力、具体环境与经营战略一致，多种类型最优化选择。中小企业的战略类型主要可以分为以下几种：

1. 以独特的资源为导向的战略。

中小企业可以依赖本地区不太适宜大企业发展需要的、独特的资源条件（如旅游资源、矿产资源、人力资源）来获得发展的机会。企业可以从事地区资源开发、旅游服务业、特产及工艺品的开发生产及贸易活动。

2. 占领市场间隙的战略。

除了一些技术集约型的中小企业，许多中小企业的设备水平、技术开发能力都比较低，很难和大企业在同类产品上直接展开竞争。因此中小企业可以选择产品市场开发的结合部分或边缘地带，找到竞争较弱且前景广阔的某些“间隙”，来开拓市场。

3. 协作共赢的战略。

中小企业可以根据自己的发展需要，与其他企业、政府、社会组织建立一种紧密的协作关系，来改变自己在竞争中的不利地位，以弥补企业在经营资源方面的不足。

4. 以产业结构为导向的战略。

中小企业可以根据产业结构的变动以及目前产业结构中存在的一些薄弱之处来制定自己的发展规划。一般中小企业可以作出以下几种选择：

(1) 根据产业结构调整的政策导向来确定发展战略；

(2) 在新兴行业或者“前沿”领域寻求发展机遇；

(3) 根据市场总体趋势及本地区市场情况，选择适合本企业的处于上升、扩展阶段的产业；

(4) 根据本地区的产业结构特点来确定企业战略。

5. 依附于大企业的战略。

中小企业可以把自己的生产、发展相对固定地纳入某个大企业的生产链中，通过从事专业化的生产与服务来发展自己。

4. 全球500强的高管都是从我这儿出来的——向老杰克学习

杰克·韦尔奇主政通用电气20年，通过600多次并购，使得通用电气实现了无限的扩张与膨胀。通用电气成功的秘密是什么？韦尔奇说：“秘密？秘密就是不断地关注人才的培养。”韦尔奇把50%以上的工作时间花在了选人、用人与育人上。韦尔奇的话似乎一下子破解了世界500强中173位首席执行官为何出自通用电气的全部奥秘。

帮助小弟成长——企业教练

“功盖三分国，名成八阵图。江流石不转，遗恨失吞吴。”这是人们对诸葛亮一生的写照。诸葛亮虽然具有运筹帷幄的雄才大略，但终因一贯亲力亲为、没有培养出优秀人才，致使出现“蜀中无大将，廖化充先锋”的后继无人的无奈局面，也使蜀国成为了三国中最早灭亡的一个王朝。

古为今鉴。**作为企业的领导者，帮助自己的员工成长，就是在帮助自己和企业成长。小弟素质低不是你的责任，但不能提高小弟的素质就是你当大哥的责任！**在企业管理中，你要和你的员工分享你的经验，要做教练，不要做老板。教练是来帮助队员，而不是管理队员的。领导者的责任不是使自己成为明星，而是让大家都能够成为明星。大家都知道篮球明星乔丹，但没有人知道他的教练是谁？领导者就是要做这样的无名英雄，培养出无数的乔丹，培养出一个拥有无数乔丹的明星团队、明星企业，最终大家和企业一起获得成功。

华尔街的分析家和通用电气的投资者认为，韦尔奇的最大贡献是在股市上造就了世界上最具有价值的公司。但是杰克·韦尔奇却说："我最大的成就就是发现人才，发现大批人才。他们比绝大多数的首席执行官都要优秀。这些一流的人物在通用电气如鱼得水。"他认为通用电气成功的最重要原因是识人、用人、育人。

韦尔奇自己曾说："我们所能做的是把赌注压在我们所选择的人身上。因此，我的全部工作就是选择适当的人。"韦尔奇认为在考虑某个人有没有承担工作的可能之前，必须让他们通过正直、智慧、成熟三种考验：

1. 考验一个员工是否正直。韦尔奇说，具备正直品行的人要说真话、守信，他们要对所做过的事情负责，勇于承认错误并改正。他们了解自己国家的法律、行业的规范以及公司的制度——既包括书面的规定，也包括法规的精神。此外，还要自觉遵守，并用光明正大的手段来获取胜利。

韦尔奇认为一个员工是否正直对于企业的发展非常关键。因此从1985年起，通用电气要求主管必须对"不当领导及缺乏勤勉"而使部属从事不当行为负起责任。公司将遵守伦理道德列入员工的工作职责和绩效评估的一部分。韦尔奇对主管们说："在有关清白和公司政策方面，信息非常明确。你们必须对自己组织的行为负责。擒贼擒首，公司对于任何人有任何违法行为，决不宽恕。”如果仅仅是部门的业绩欠佳，韦尔奇还会给其一次改进的机会，但是如果员工违反了职业原则，韦尔奇会立即将其开除。如以色列空军将领多藤与航空发动机事业部的一名员工勾结，将超过3000万美元的美国政府基金转存入多藤的账户。案件破获之后，多藤被以色列判刑，而那位被起诉的员工则被通用电气开除。通用电气充分与联邦调查员合作，最后还签付了6900万美元的和解金。

2. 考验一个员工是否有智慧。员工的教育程度仅仅是一种参考条件，员工不一定都必须读过莎士比亚的作品，或者能够解答复杂的物理学问题。最关键的是他们有一种强烈的求知欲，有宽广的知识面，可以在今天这个复杂的世界里与其他优秀的人一起工作，或者领导他们。因为韦尔奇有过这样的经历：“我发现了许多优秀的人才，他们来自各种不同的学校。我认识了许多来自哈佛和耶鲁这些名校的聪明人，但是其他一些同我合作的杰出的高层经理人则来自一些不太知名的地方，例如罗得岛州普罗维登斯镇的布赖恩特大学、艾奥瓦州的迪比克大学等。”正是基于这种认识，通用电气选拔人才不注重学历和资历，看中的是实力。用韦尔奇的话说，就是“关键在于你能干什么”。

一次，在决定一个财务人员的人选时，韦尔奇没有挑选那几位职位较高的候选人，而是选中了职务比其他人要低两个级别的38岁的达莫曼。原因在于他处理一些棘手任务的能力给公司领导的印象很深刻。

此外，韦尔奇还善于发现大批人才。1996年通用电气的交通业务部门聘用了80名下级军官。韦尔奇与这些下级军官聊了整整一天，军官们的业绩和素质给他留下很好的印象。于是他下令每年招聘200名下级军官。不到三年的时间通用电气招聘了711名下级军官，其中不少人已得到显著的提升。

3. 考验一个员工是否成熟。成熟的人往往具备以下特征：能够控制自己的情绪、承受压力和挫折；在自己功成名就时，也能够不丧失谦逊的美德；尊重别人的情感；自信但并不傲慢无礼。韦尔奇认为，成熟的人通常都有一种幽默感，特别是对自己！

韦尔奇常说："我对于怎样制作一台精彩的电视节目一点儿概念也没有，但是我很清楚谁是老板。这才是至关重要的。我的工作是挑选最称职的人员并为他们提供资金。这是游戏的规则。"韦尔奇除了为公司挑选合适的人才之外，还非常注重人才的培养，以实现员工和企业的共同成长。

韦尔奇认为，领导能够打动并且影响员工会有利于员工的成长，特别是领导与员工的交流可以帮助员工解决一些员工成长中的问题和困难。韦尔奇说："一名优秀的领导者必须同上下左右自由地接触，不厌其烦地听取意见，进行真正的交流。"他总是不失时机地让员工感觉到他的存在，尽可能地跟所有员工保持沟通，哪怕是清洁工。他每周都会出现在各地的工厂和不同部门的办公室，并且经常安排一些基层的主管与自己共进午餐。即使开会，他也不喜欢照本宣科地念报告，而是主张跟员工进行坦诚的对话和议论。韦尔奇经常给中高层领导者和员工随手写个小纸条，对他们及时地进行指导、督促、批评和鼓励。事实表明韦尔奇的这种管理方法收效神奇，立竿见影！通用电气的一名叫伍德博恩的经理还清楚地记得，几年前他曾经因不愿意影响女儿的学业而婉拒一次工作升迁。当韦尔奇知道事情的原因后，便给伍德博恩写了一张私人便笺："比尔（爱称），我们喜欢你有许多原因，其中一个就是你是个非常特别的人。今天早上，你又一次证明了这一点。这样做于你本人和家庭都有好处。坚持你的优先考虑。"对伍德博恩来说，这张便笺是一个非常重要的表示。他说："这表明韦尔奇看重我并非因为我是一名经理，而是作为一个人，这很重要。"

杰克·韦尔奇至少能叫出通用电气的1000名高级管理人员的名字，并且知道他们的职责，知道他们在做什么。这对于一名雇员来说是莫大的鼓舞。杰克·韦尔奇亲自接见所有申请担任通用电气500个高级职位的人。他坚信作为领导者只有对自己的下属有足够的了解才能信任他们。因为你对员工的了解程度往往决定了你对员工的信任程度。

杰克·韦尔奇说："我不懂如何制造飞机引擎，我也不知道在NBC应播放什么节目。我们在英国有项有争议的保险业务，我不想做那项业务，但是那个给我提建议的人想干，我相信他。我相信他能干好。"在世界最令人钦佩的公司中，很少有哪家公司的领导者能这样做。上级对下级的信任比什么都重要，因为只有相互信任，才会有强大的向心力和凝聚力，才能让员工在实践中得到充分的锻炼和成长，才能打造一个无比强大的团队。杰克·韦尔奇在做客央视《对话》节目中谈到他的接班人杰夫雷·伊梅尔特时，主持人问他，伊梅尔特和你一样优秀吗？韦尔奇回答，比我还棒；主持人再问，他会按你的意思去发展通用电气吗？韦尔奇回答，他有他自己的一套；主持人最后问，如果他没有你想象的那么好呢？韦尔奇则回答，那就是我瞎了眼睛。**对下级的无比信任，也就是对自己能力的无比信任。**你一定要相信自己的员工在面对工作的各种问题和困难时他有他自己的一套。在放权的时候给予员工充分的信任，是最能够锻炼员工能力的一种方式。

百年树人——沙里淘金的接班人计划

杰克·韦尔奇说："花十年的工夫培养出一个合格经理，时间不算长。"他把自己三分之一的时间用在管理人员的培训方面。只要员工到达一定的管理级别，必须亲自接受他的培训。他认为，一个领导者最重要的工作，就是培养人才。杰克·韦尔奇还时常通过培训，来广泛地观察、选拔人才。他很少进行单向的培训，通常是他给员工讲完以后，让员工上去讲，讲员工自己的案例。而他就坐在下面观察，看哪个人讲得好，同时也在分析这个员工的能力和特长，他能够适应哪些岗位，可以承担多大的责任。所以，杰克·韦尔奇每天至少花50%的时间去观察人与琢磨人。

韦尔奇认为一个优秀的员工要成长为一个合格的领导者首先要具备"4E+1P"这样的素质。

第一个"E"是积极向上的活力（Energy）。具有有所作为的精神，渴望行动，喜欢变革，热爱工作，善于与人交流、结交朋友。

第二个"E"是指激励别人的能力（Energize）。对业务有精深的了解，并且掌握出色的说服技巧，创造能够唤醒他人的氛围。

第三个“E”是决断力（Edge），即对麻烦的是非问题作出决定的勇气。

第四个“E”是执行力（Execute），即落实工作任务的能力。

一个“P”是激情（Passion）。对工作有一种衷心的、强烈的、真实的兴奋感。热爱学习，热爱进步。那些富有激情的人不仅热爱自己的工作，而且常常对周围的一切都充满激情。

韦尔奇认为“4E+1P”中第四个“E”最为重要。因为他有着深刻的体会。很久以前，韦尔奇只关注到了前三个“E”。他以为，具备前三个“E”的人就已经不错了，由此选拔出了几百名员工，并把大多数人归为“很有潜力”的类型。然后，很多人走上了管理岗位。在那个时期，韦尔奇常和负责人力资源管理的高管比尔·康纳狄一起去参加人事评议。有一次，比尔·康纳狄翻看那些“很有潜力”员工的考评资料，发现他们在积极向上的活力、激励别人的能力、决断力三个方面都获得了较高的分数。于是，比尔对韦尔奇说：“你知道，杰克，我们肯定遗漏了某些重要的指标。以现有的指标来看，这些人都非常出色，但他们中的一些人业绩却很不好。”韦尔奇后来发现被自己所遗漏的东西正是执行力。执行力是一种专门的、独特的技能，它意味着一个人要知道怎样把决定付诸行动，并继续向前推进，最终完成任务，其中还要经历阻力、混乱，或者意外的干扰。有执行力的人非常明白，“赢”才是结果。

韦尔奇认为作为公司的高层领导将要负责一个主要部门或整个公司，除了具备正直、智慧、成熟和上述的“4E+1P”之外，还需要具备以下4个关键品质，而它们也都是非常关键的因素：

第一个品质是真诚。能否在工作中不断成长，往往取决于其是否足够真诚。很难想象一个每天戴着假面具的人会成为优秀的领导者。一个优秀的领导者在任何时候都不会有一丝一毫的伪装，他们总是能够以自己的本色直面众人，激励自己的追随者，以真诚来树立威信，并带领员工去开展工作。

第二个品质是对变化来临的敏感性。那些对外界的变化反应迟钝的人即便是走上了领导者的岗位也会重重地摔下来。优秀的领导者往往具有一种预见意外变化的特殊才能，知道自己的“敌人”在思考什么，甚至比对手自己都要先想到。

第三个品质是爱才。嫉贤妒能的人难以成就大事业，优秀的领导者往往希望周围的人能够比自己更优秀、更聪明。一位优秀的领导者就要有这样的勇气，他敢于把最优秀的人集中到自己的团队里，而不怕把自己变成会议室里看上去最傻的人！

第四个品质是坚韧的弹性。怕失败的人只会永远失败。优秀的领导者往往能够从自己的错误中吸取教训，并且重新振作起来，依然自信地继续前进。

除了制定一套完整的非常严格的领导者考核标准，韦尔奇还打造了一个可以让员工层层晋升的接班人培育体系。韦尔奇对通用电气每个管理岗位上的领导者说，你要想升官，就必须先把接班人培养出来；培养不出来接班人，你永无升迁之日。

一家人力资源机构调查发现：员工的职业发展机会是影响员工敬业程度的关键。只有为员工提供职业发展机会，员工个人与企业才会双赢。否则，不是员工主动走，就是员工不得不走。而通用电气的接班人培育体系则给每一位员工都提供了一个发展和提升自己的机会和平台。同时，企业还会针对员工和经理的个人能力和企业需要对其进行职业辅导，帮助其制定自己的职业发展规划。在通用电气，会有专门的培训师为员工传授一些相关职业生涯规划的信息。另外，企业还会利用内部网站“My Development at GE”引导和帮助员工正确地认识自己目前的素质水平以及存在的缺陷，定位今后的发展目标，选择实现目标的措施和方法。比如，应该去接受什么样的培训，或者从事什么岗位的工作。通用电气除了要对经理进行业绩考核，要求其认同企业价值观，还要看他是不是具有有效的领导才能。通用电气有一个组织框架人才评估体系，韦尔奇会亲自评估整个组织体系目前的状况，各业务集团的成绩在哪里，存在的问题在哪里等等。他不仅要询问那些关键领导人的业绩，还要问：“今年你的下属有多少人被提升到关键的岗位上来?”也就是看他每年能培养多少人才出来。

杰克·韦尔奇在通用电气每年四月到五月的会议上对全公司最高层的500名主管进行十分严格的审查。业务部的首席执行官及高级人力资源部的经理参加评审。这些部门的经营者必须挑选出本部门未来的领导者，制定出所有关键职位的继任计划，并确定对哪些有潜质的经理进行培训。考查内容包括主管的业绩评估、成本和薪酬审查、继任者鉴定等内容。每份报告都详细而彻底地评定一个主管的优点和缺点，以及其他有关的资料，从财务绩效、心理状态到健康状况都包括在内。这些报告还会就下一步的发展方向提出建议：譬如建议任职海外、到研究所进修，或是像准时出席会议、尊重部属等基本事项。韦尔奇会静心地坐下来审读关于每一名主管的评介，接着韦尔奇会开诚布公地与那些主管进行交流，提出问题。由于韦尔奇每年平均会见或接触上千名主管，他能对形形色色的经理作出睿智的评价。对于如何选人韦尔奇有着深刻的见解，他说：“我们今天在通用电气寻找的是这样的领导者：不论在哪一个级别上，他们都能够激发活力，催人奋进，同时具有控制大局的能力，而不是那种使人懈怠、失望，只会控制人的领导者。”

通用电气在对员工和领导者进行评价时是按工作成绩和公司价值观两项标准进行的。不过，公司更注重的是员工所具有的价值观。韦尔奇将通用电气的价值观归纳为“讲究诚信、追求业绩、不断的变革”。他认为：“没有具备这些价值观的人，我们就不要谈什么直面现实、坦诚、全球化、无边界、速度和激励。我们每一个人决不能只说不做，我们的价值观一定要实实在在地体现出来。”为此韦尔奇在对公司的经理人进行评价时，突出了价值观的作用，他将经理们分为四类：

第一种经理能够及时地实现各项预定目标，而且能够认同公司的价值观。他的前途当然是一片光明。

第二种经理是指那些没有能够实现预定的目标，同时也不能充分认同公司价值观的人。这类人可以降级使用。

第三种经理是指那些没有能够实现预定的目标，但是能够认同公司价值观的人。公司会给这些人一次机会，让他们东山再起，然后再担重任。

第四种经理是指能够实现预定的目标，但是却不能认同公司价值观的人。对于这种人公司决不留用。因为一个人不认同企业价值观，也就很难遵守企业的制度。他的存在会让更多人不认同或破坏企业的价值观。

可见，韦尔奇选人的标准之一，比较关键的是对于价值观的认同。

通用电气不仅有一个十分完善的人才培养机制，而且还有专门的人才培养机构。通用电气副总裁兼首席教育官鲍伯·科卡伦领导着约翰·韦尔奇领导发展中心（克罗顿维尔）就是通用电气的人才培养中心。克罗顿维尔是通用电气所有员工学习的大课堂，是通用电气的思想库。克罗顿维尔开设的课程有很多，从新员工定向课程到特定的技能培训项目都有。旨在培养领导能力的课程有三项：为最具潜力的高级经理开设的高级管理开发课程（EDC）；为中层经理开设的企业管理课程（BMC）；以及为初级管理人员开设的管理开发课程（MDC）。通用电气善于从大学里发现“好苗子”，把他们送到克罗顿维尔来改造、培养。杰克·韦尔奇、杰夫·伊梅尔特就是这样培养出来的。克罗顿维尔因此被称为“美国企业界的哈佛”。公司每年拨款约10亿美元用于员工的培训，每年有5000~6000位来自通用电气在全球的高级经理人员在这里接受培训。克罗顿维尔的教师有50%是通用电气高层经管人员，包括韦尔奇、伊梅尔特；大约有35%左右是外聘的大学教授，从事经济学、财务等学科的教学；另外还聘请咨询人员作教师，传授技艺方面的知识。在培训过程中，教师要求学员培训以行动为导向，带着问题参加学习，学完之后带着行动计划回去；培训强调案例研究，强调传播通用电气的实际经验与最佳做法。在一些课程中，业务部门的领导人会拟出具体的项目让学员去做。有时候，教师还组织学员与业务部门一起针对实际问题开展研究与讨论。韦尔奇直接听取关于各级管理者和员工培训的汇报，并同培训部门一起制定培训计划。在韦尔奇执政通用电气的18年中，韦尔奇曾250多次出现在克罗顿维尔的教室里，向通用电气公司大约18 000名经理和行政管理人员授过课。即使他退了休，仍定期到克罗顿维尔上课，讲授企业经营理念、企业管理方法、企业领导方法等课程。

从1994年6月起，韦尔奇就开始与董事会一道着手遴选接班人的工作。韦尔奇列出了一份有22名候选人的名单，其中6人被列为“最有可能组”，4人被列为“明显可能组”，还有12人被列为“观望组”。前面六七年，韦尔奇和董事会的成员观察这些候选人如何依时空状况改进自我，最后有三个人出线。在整个过程中，那些被列入候选人名单的人员并不知情，一切都在暗中进行。韦尔奇甚至会通过舞会、晚宴等非正式沟通方式让董事会成员近距离地接触候选人，并对候选人作出全方位的测评。在决定人选的前半年，韦尔奇把他们请进办公室，告诉他们三人：六个月后将被公司解聘，希望他们各自找到接班人。不久韦尔奇就任命其他人接替他们三人的工作。最终的三个人，再经过诸如“机舱面试”等考验后，杰夫·伊梅尔特成为韦尔奇的接班人，落选的麦克纳尼去了3M做首席执行官；而纳尔代利则成为了家居仓储（Home Depot）的首席执行官。有人将这些候选人戏称为“韦尔奇门生”。

在通用电气2001年股东大会上，将要退休的杰克·韦尔奇向股东们作最后一次汇报，他充满激情地说：“通用电气在全球搜寻、培养最优秀的人才，就我而言，10年以来我一直在寻找的一个最佳人选，就是谁将接任我成为公司下一任董事长。我日益坚信这20年来我找到的最佳人选，就是在你们各位董事的积极赞同之下来推举杰夫·伊梅尔特，担任你们下一任董事长兼首席执行官。我相信杰夫和他的优秀班子，将把通用电气带到一个我们在今天还只能梦想的发展高度和优秀水平。”

在韦尔奇离开通用电气时，有十多个世界500强企业的首席执行官参加了韦尔奇的退休晚会。这些人都在韦尔奇手下工作过。他们向韦尔奇表示致意，他们感谢韦尔奇，感谢通用电气培养了他们，使他们成为全球知名大公司的领导人。

优胜劣汰——区别化的人才激励机制

杰克·韦尔奇用一个形象的比喻道出了管理的真谛：“你要勤于给花草施肥浇水。如果他们茁壮成长，你会有一个美丽的花园；如果他们不成材，就把它们剪掉。这就是管理需要做的事情。”

杰克·韦尔奇创建了一种极为有效的“区别化”的人才激励机制。通过这种制度的实施，对全体员工进行动态评估，力求让每个部门的每个员工都知道自己所处的位置。韦尔奇用人强调“区别化”，选出最好的人才，为他们创造条件，让他们承担更大的责任，激励他们取得更大的成功。通用电气通过评估，将员工划分为五个等级：

第一类占10%，他们是顶尖人才。杰克·韦尔奇认为，这些是通用电气的“超级明星”。失去这类员工是一种罪过。通用电气会为这部分员工制订详细的培训计划，为他们提供更广阔的发展空间。

第二类占15%，他们与第一类比要相对差一些。

第三类占50%，是中等水平的员工，他们的变动弹性最大。

第四类占15%，这些员工需要对他们敲响警钟，督促他们上进。

第五类是最差的，占10%。通用电气要求他们找出原因，及时赶上，争取进入更高的级别。若他们在3~6个月中仍旧是第五级，便面临被辞退的危机。

根据业绩评估，每个员工都会知道他们处在哪一类，这样没有人会抱怨得不到赏识。

第二类、第三类是表现较好或一般的员工，占65%。通用电气离不开这部分员工，因为他们是公司的主体，也是通用电气业务成败的关键。他们同样可以得到培训与提升的机会，但通用电气鼓励他们努力进入第一类10%。通用电气制定了一套十分完善的奖励制度来支持前三类员工，比如增加工资、股票期权、职务晋升等。第一类员工会得到股票期权，第二类中的大约90%和第三类中的50%会得到股票期权，第四类员工没有奖励。通用电气大约有85 000名专业员工，每年有10 000到12 000人会得到奖励，入选的员工经常变动。到目前为止，大约有29 000人获得股票期权，占总人数的三分之一。但第一类员工得到的奖励肯定要比第二类、第三类高得多——这就是“区别”。韦尔奇要求领导者发给其手下的奖励应体现出差别，他说：“我不能忍受不加区别的做法。我们生活在不同之中，你不能把12个不同的业务部门当做一个机构来经营。”

杰克·韦尔奇认为，10%的淘汰制，不是一种“残酷”，而是

对员工的“仁慈”。因为让员工待在一个不能成长和进步的环境里才是害了员工。这样做会避免将来等到员工年迈或者就业机会减少时，再告诉他说：你走吧，这里不适合你——那才是真正的残酷！

杰克·韦尔奇按照这种管理方法曾经开除了许多高层领导，甚至包括现任通用电气的首席执行官杰夫·伊梅尔特也感受过这种压力。当年他负责通用电气医疗系统时，有一年业绩不太好。韦尔奇告诉他，我们都很喜欢你，但如果明年你的业绩还不好，我们就必须采取行动了。杰克·韦尔奇在他的自传里写到了当时杰夫的回答：“如果结果不尽如人意，你不需要亲自来辞退我，因为我自己会离开的。”结果，第二年，杰夫·伊梅尔特的业绩又重新做了上去。

所以，每一名通用电气人，包括业务集团的首席执行官，包括中层经理，包括基层员工，没有一个人能够成为例外，都在这种文化之下，公平地面对公司的评估，面对“危机与挑战”。

韦尔奇认为，使员工们意识到他们有潜力，能够不断进步，是比制定目标、给员工压力更为有效的一种激励方式。因为使公司以最快的速度发展就是领导者和员工的共同目标。韦尔奇希望员工能够发挥主动性，为公司出谋划策，促进公司发展。员工参与企业管理不仅是衡量企业健康发展的一项重要指标，更是一种非常有效的培训人才的方式。他说：“不言而喻，任何企业，不论大小，没有一支坚信其使命且知道如何去完成的、充满活力的员工队伍，都不可能获得长久的成功。”他甚至认为，员工参与度可能最能昭示出企业竞争力的差别。

为此，韦尔奇在通用电气倡导了一种群策群力（Work-Out）的管理方式，从而给予了广大员工（包括基层管理人员和普通员工）一种参与管理的价值感、自豪感和归宿感，充分调动了优秀员工的积极性和创造性，使得员工的潜能和智慧得到了最有成效的发挥。通用电气的“群策群力”实施步骤非常简单，就是几个跨职能或级别的经理和员工组成小组，提出企业中存在的严重问题；然后针对问题提出建议，并在最后的决策会议上把这些建议交给高级主管；然后由主管当场对那些建议作出“行”或“不行”的决策，并授权给提出建议的人，让他们负责实施；之后，定期检查实施进度，以保证确实能够得到结果。韦尔奇认为那些做基层工作的人最了解工作的情况，同时也能够找到最有效的解决方法。况且当大家都在找一种最佳方式贡献自己智慧的时候，主管也就很容易从中挑选出最优秀的员工。韦尔奇说：“到1992年年底的时候，已经有大约200 000名通用电气员工参加过‘群策群力（Work-Out）’会议。这一计划的意义可以用一位中年家用电器工人曾经做过的评论来进行总结，他说：‘25年来，你们为我的双手支付工资，而实际上，你们本来还可以拥有我的大脑————而且不用支付任何工钱。’”

韦尔奇认为：“有想法的人就是英雄。我主要的工作就是去发掘出一些很棒的想法，扩张它们，并且以光速般的速度将它们扩展到企业的每个角落。我坚信自己的工作是一手拿着水罐，一手带着化学肥料，让所有的事情变得枝繁叶茂。”可是很多人在坐上管理的高位之后，便开始自觉或者不自觉地惧怕那些来自员工内心深处的声音。因为他们认为那是员工的牢骚之言，甚至以“牢骚太盛防肠断”来讥笑自己的员工。原因就是因为他们不懂得牢骚的存在对于企业的意义，他们不懂得怎样正确地面对来自员工的声音。他们只认为员工的声音使得自己感到手脚忙乱，甚至认为员工的牢骚使得自己有失威严。**美国密歇根大学社会研究院发现：凡是公司中有对工作发牢骚的人，那家公司或老板一定比没有这种人或有这种人而把牢骚埋在肚子里的公司要成功得多。**事实上韦尔奇对人的重视不仅没有给自己带来麻烦，而且使得在员工主动解决问题的过程中实现了员工和企业的共同发展。因此韦尔奇认为：“我们应该创造一种气氛，任何人都可以在遇到问题的时候直接向能够解决问题的人对话。”他采取了许多措施以便让员工参与生产管理，提高效率，使员工成为企业经营的直接参与者，使他们有高度的归属感和责任感。杰克·韦尔奇说：“更快、更有生产效率和更有竞争力的途径是释放美国工人的能量、智慧和自信。”

四、钱是大家的，威信是自己的

一碗米养个恩人，一斗米养个仇人。在这个商品经济时代，虽然金钱在社会中发挥了很大的作用，但是也有无可奈何的时候。比如：钱可以买来补药，但买不来健康；钱可以买来学历，但买不来修养；钱可以买来走狗，但买不来朋友；钱可以买来名气，但买不来声誉；钱可以买来权势，但买不来威信……

1. 约法三章——制度约束胜于江湖义气

李自成在刚刚进入紫禁城的时候，被欢迎的气氛所感染，曾当众立誓：杀一人如杀我父，淫一人如淫我母。可当时李自成和他的兄弟们很快就被胜利冲昏了头脑，在很短的时间内就完成了整体腐败。李自成早就把自己的誓言忘在了脑后，不仅任由军队在城内胡作非为，就连他自己也在深宫淫乐。正是李自成当大哥的放纵，他的兄弟二把手刘宗敏打了吴襄，霸占了陈圆圆，才导致了吴三桂的“冲冠一怒为红颜”，引清兵入关。最终李自成不敌清军的铁蹄，逃离了紫禁城。

企业做到了一定规模，就需要建立完善的制度来约束大家的行为，统一大家的行动。一个企业就是一个团队，而团队和团伙有着本质的区别，就是前者具有鲜明的纪律，而后者则没有任何纪律可言。**俗话说：没有规矩不成方圆。没有纪律，就不能成为一个有凝聚力的团队；没有纪律，就不能成为一个有战斗力的团队。**就连《投名状》中的庞青云都知道通过杀死淫乱的两个无知少年，严明军纪，来树立山字营的形象。而势力薄弱的刘邦之所以能够在楚汉争霸中获胜，除了比项羽更加会用人之外，更是因为他能够和自己的团队成员、关中父老约法三章，得到了团队成员以及百姓的信任、拥护和支持。

一些南德高层坚持认为，南德的确是在管理上出了问题，才导致后来的灭顶之灾。飞机贸易的成功使得南德集团获得了巨额利润，钱多得不知道往哪里用。牟其中开始高薪招揽各界精英。牟其中的一个亲戚回忆当时的情形说，公司每天人员进出如走马灯，花钱如流水。由于南德缺乏监督和制约，各地办事处负责人有无限大的权力，几百万元的现金，只要牟其中点个头，办事处负责人就带走了，具体领导者则鞭长莫及。个别人则趁机中饱私囊，或挥霍浪费。比如派驻莫斯科的一些人便拿着南德的工资干自己的事，有许多人因此成了百万富翁。南德利益因此受到了很大损失。急剧扩张后的南德管理依旧非常粗放，导致了中层干部的管理失控，为南德集团的长远发展埋下了一个个地雷。后来，牟其中才发现，金钱不能解决企业管理中的所有问题。他不由得慨叹道："一碗米养个恩人，一斗米养个仇人。"

冯仑对万通的员工说："不要相信我，要相信制度。"草创时期的企业往往是十几个人、七八条枪，大家可以用谈心的办法，鼓舞士气，统一思想，激励大家为着一个目标奋斗；可是当企业做到了数以百计、成千上万人的时候，就需要制度化的管理，就要讲管理不讲人情。

乔致庸的票号之所以能够"汇通天下、货通天下"，这与他那严格的号规制度是分不开的。以其包头复字号的号规为例：号内员工包括掌柜在内，一律不准携带眷属，更不准嫖妓纳妾；所有员工不准赌博、吸食毒品；所有人员按在号地位和身股大小，层层节制。如不循规蹈矩，到账期按所犯错误情节，或开除，或抹身股，或减劳金等。乔致庸认为号规越严，票号出现管理问题的可能性就越小。

虽然团队中的许多成员都是与自己一起创业的好兄弟。但是你作为团队的领导者，要做成功的领导者，就不能做团队成员的好兄弟，否则团队的纪律和规则就会被兄弟情谊所代替。事实上，好兄弟与成功的领导者是不能够二位一体的。

美国通用电气前首席执行官杰克·韦尔奇的副总有一次跟别人说："杰克昨天晚上请我吃饭，他非常热心地替我夹菜，又替我斟酒，走的时候还跟我拥抱。但是我知道他让我离开的决心是不会改变的。"三天以后人事命令下达，那位副总被撤职。所以作为领导者在工作8小时之外的日常生活中为兄弟倒酒是倒酒，夹菜是夹菜，关心一下兄弟们的生活是应该的，但是在工作中，只要是违反了企业制度，该让兄弟走人还得走。否则你就无法号令团队的其他成员。领导者就要像领导者，工作关系与朋友关系、兄弟关系必须分清，不能将私人感情混入工作之中。在工作时，既做领导者，又做哥们儿，没有人能够真正地做到。

要把企业做大做强，就要打造一支高效率的钢铁团队。而团队成功的关键是制度和纪律。而强化制度和管理，领导者必然会有一点损失，就是凭兴趣交的朋友少了。柳传志说：“我知道，过去的朋友怎样议论我，他们说，过去在室里的时候，柳传志不是这样，跟谁都挺高兴，跟谁都聊得起来。但是，我知道，朋友很重要的一条就是能议论事，能在一起说说谁谁怎么样，喝杯酒，诉诉苦，朋友感情就会特别好，但是我坐到这个位置上，公司里的人我能议论吗?”作为领导者不能够只讲兄弟情谊，更要注重维护团队的制度和利益。任何人，哪怕是你的亲兄弟违背了团队的制度和利益也要受到处罚。

做团队，不要做团伙。只有注重约法三章，实现制度化管理，我们才能够打造一支高效率的钢铁团队，我们的事业才能够更加长久。

2. 只有彼此信任才能够让兄弟放心——信任兄弟，让兄弟信任

在《投名状》中有这样一个场景：庞青云轻取南京后，庞青云与陈公等在外殿。狄大人暗中向庞青云表明，“地方督抚手握重兵，太后不放心”。无奈，庞青云提出“山字营主动裁军”。可是，狄大人还是担心与庞青云纳投名状的二虎和午阳两员猛将会闹出什么事端来。于是他又施一计，对庞青云说：“苏州城，赵二虎说走，一呼百应。南京城，他又私分军饷。你山字营姓赵啊！”这段话激发了庞青云对自己兄弟赵二虎的仇恨和怀疑。他是绝对不容许山字营姓赵的，因为他认为他永远是山字营的首领。于是便有了赵二虎的悲惨结局。此时庞青云早已忘记了“纳投名状，结兄弟谊；死生相托，吉凶相救；……”投名状中的誓言，心中只有对兄弟的仇恨和不信任！

彼此的不信任是造成庞青云、赵二虎、姜午阳兄弟三人悲剧的主要原因，也是导致许多企业失败的主要原因。因为信任是合作的开始，更是建立团队的基础。**一个成员之间不能相互信任的团队，是一支没有凝聚力的团队，也是一支没有战斗力的团队。**

作为领导者要在团队中建立一种彼此信任、彼此合作的团队氛围，首先要让员工感到自己是值得信赖的。值得信赖表现在兑现

承诺，以及勇于承担自己的责任。

大家知道举世闻名的希尔顿旅馆，其创业者唐拉德·希尔顿在1924年，也就是20世纪30年代经济大萧条的情形下，为了建造“希尔顿”旅馆，准备买一处地皮动工。可是希尔顿却由于实力不够，遇到了资金困难。由于买不起地皮，他想以租赁的方式分期付款。由于希尔顿在商界拥有良好的商业信誉，地皮的主人认为他是值得信任的，是不会赖账的。于是他就痛快地答应了希尔顿分期付款的要求。希尔顿就这样凭借诚信获得了别人的信任，渡过了一次难关，让旅馆顺利竣工并且获得了不断的发展。

“诚信”，是领导者的立身之本，也是企业最重要的品牌价值之一。领导者让人值得信赖、讲诚信，这会给企业带来源源不断的经济效益和社会效益。

其次，领导者要信任员工。X理论的管理方法时至今日依然继续受到众多企业的青睐，原因就是许多领导者不信任自己的员工。如果不信任自己的员工，那当初为什么要招聘他们呢？

2005年美国管理协会的一项调查显示，76%的公司对员工上班期间访问的网站进行了监控，55%的公司会保留、审查员工的电子邮件信息。自2001年以来，监控员工电话使用情况的公司比率已经从9%上升到了51%。而且，许多公司都开始把检测员工是否吸毒当做例行规定。可见企业对员工的不信任如今已经呈现出越来越严重的趋势。《第五代管理》作者查尔斯·M. 萨维奇认为：怀疑和不信任是公司真正的成本之源。它们不是生产成本，却会影响生产成本；不是科研成本，却会窒息科研的进步；不是营销成本，却会使市场开拓成本大大增加。他强调指出，在企业、团队的领导者与成员之间应该是“心心相印”，而不是疑神疑鬼。**美国日裔学者威廉·大内在他的管理学著作《Z理论》中写道：“一切企业的成功离不开信任、敏感和亲密，因此完全可以以坦白、开放、沟通作为原则进行民主管理。”**很明显Z理论把企业当成了一个亲密的组织，强调对员工的信任和尊重，认为每个员工都能努力做好自己的工作，并能把自己全部的聪明才智发挥出来，使自我价值得以充分的体现。**信任产生激励的力量。只有领导者在信任团队成员的时候，团队成员才会有一种被重视感，才会愿意为团队奉献出自己的才干和智慧。**

2007年度的新片《命运呼叫转移》获得了当年度很高的票房收入。在这部影片中，著名娱乐人刘仪伟集编、导、演于一身，电影的情节设计很像是中国版的《阿甘正传》。以当下的眼光来看，由葛优扮演的山村青年“三儿”无疑是一名“成功人士”。而使三儿获取这种成功机会的老板“大头”（刘仪伟饰）之所以愿意帮助三儿，把钱投给他，也是因为他对三儿的人品有信心。这种信任不仅为三儿带来了改变自己命运的机会，也激发了他身上潜藏的积极正面的品格和能力。三儿后来果然不负所托，事业取得了成功，成了一名农民企业家。信任和信赖产生力量，这就是《命运呼叫转移》所告诉人们的。

第三，领导者要营造一种有利于团队成员彼此建立信任的团队氛围。要打造一支高效率的钢铁团队，信任是团队成员之间实现精诚合作首先需要解决的重要问题。

在团队培训中，培训师常常要大家做一个信任背摔的游戏：首先让全组人员站成面对面的两排；然后让准备做空中飞人的队员站在台上，背向队友；当团队队员们都站好位置，并做好接人准备时，站在台上的队员从空中落下。要安全地完成这项活动的关键是做空中飞人的队员必须对自己的队员们产生信任，才能够跨越心理障碍，完成空中飞人的任务。

要建立团队信任，除了要跨越心理障碍还要解决信息沟通的问题。人与人之间的矛盾，包括企业内部管理层的矛盾在多数情况下是因为信息沟通不够引起的。比如，企业草创时，大家三五个人在一间房子办公，甚至吃住都在一起，互相知道每天在干什么。后来公司越来越大，办公室也分开了，甚至遍布在全球各地。大家几个月不见面，开始打电话，后来电话也打得少了，就开始互相猜疑了。这种猜疑越多，信任就越少，公司也就开始变得分裂了。因此沟通是建立团队信任的关键。那些团队信任程度高的往往建立了一套非常高效的团队沟通机制。比如有的公司建立了一日一沟通，一周一通报，一月一总结的制度。来自基层的汇报和总结，能够使管理人员对公司的各项工作心中有数，从而增强团队意识，团结一心，步调一致，取得胜利。而来自管理层的信息发布、成绩通报，可以让基层员工了解管理层的思想和政策，发扬成绩，改进不足，不断地成长、成熟起来。团队内部建立起一种有效的沟通制度，往往能够提高团队成员的信任度和执行力。

因此不仅要建立团队信任，还要建立一种防止出现不信任的制度，以便惩罚那些破坏团队信任和团结的成员。

成吉思汗戎马一生，都是言出法随。童年时孤儿寡母的惨痛经历使成吉思汗对背信弃义深恶痛绝。一方面他要确立并且使自己的威信达到最大限度，要手下人绝对服从；另一方面他非常看重人的忠诚度，甚至对战败的敌人，也要按其对旧主的忠奸予以宽容或处决。这也是成吉思汗的功臣中没有一个心怀二志的原因之一。另外，成吉思汗颁布的法典也对信托制度进行了规范，严惩撒谎者。法典第五十二条是："撒谎的，处死刑。"其通过对信托制度的完善和健全，对背信弃义之人的惩罚，倡导了一种讲信誉、重承诺的社会风气。当然团队中对于那些破坏团队信任氛围的言行的处罚没有必要如此严厉，但是一定要严格惩罚，才能够起到杀一儆百、以儆效尤的作用。

只有建立基本的信任，团队成员之间才能彼此合作，为了实现共同的团队目标而努力工作。并且当遇到困难时，团队信任将有助于团队万众一心，共同渡过难关。

附：

雷鲍夫法则

美国管理学家雷鲍夫指出，在你着手建立合作和信任时要牢记我们的语言中一定要使用以下几个字：

1. 最重要的八个字是：我承认我犯过错误。
2. 最重要的七个字是：你干了一件好事。
3. 最重要的六个字是：你的看法如何。
4. 最重要的五个字是：咱们一起干。
5. 最重要的四个字是：不妨试试。
6. 最重要的三个字是：谢谢您。
7. 最重要的两个字是：咱们。
8. 最重要的一个字是：您。

3. 不要摆大，哪怕你真的是老大

在托普帝国冉冉升起的时候，宋如华被鲜花、掌声和吹捧所陶醉，很难听进不同的意见。一个资深高层曾经委婉地对其身边人员的某些做法提出意见，被宋如华当面驳回：“皇帝还要养几个太监解闷取乐呢?”

进谏者哑口无言。个人的骄傲自满如果仅限于小范围内，危害不大。但是企业高层的骄傲自满带来的灾难是巨大的。让人遗憾的是，接连的胜利使宋如华的自信空前膨胀。到2001年，他已经很难听进去不同的意见和建议。他对于自己不满意的人，动辄处以“待岗”进行冷冻处理，甚至在公开场合说：“如果是古代，我早就把×××咔嚓了!”同时做了个利落的砍头手势。

在一次采访中，记者问：“你觉得你有一天会陷入狂想，失去理智吗?”宋如华回答：“不会，你要知道，我是物理学的副教授，我的思维永远都是理性占主导。”

托普的失败，原因或许很多，但托普的领导者宋如华热衷于搞个人崇拜，经常以带头大哥、企业教父自居，无法正确地听取员工的建议，这也是导致托普帝国衰败的重要原因。宋如华的例子告诉我们，如果领导者重视树立自己的个人权威，存在“江湖老大”意识，甚至“帝王意识”，他就不可能对制度或规则保持尊重。相反，他们往往就是制度或规则的破坏者。在许多时候，制度化、规范化的最大阻力恰恰来自于企业的最高决策者，来自于董事长、总经理本人。例如，在有的公司，规定早上八点钟准时上班，而迟到的经常是总经理或董事长；再比如，规定上班时必须穿工作服，而不穿工作服次数最多的恰恰就是总经理和董事长。

由于公司最高决策层对公司管理制度的轻蔑态度，导致管理制度本身的严肃性和权威性遭到践踏。当员工、干部也违反这些制度的时候，制度监督部门就会面对“只许官家放火，不许百姓点灯”的质疑，从而导致制度无法执行贯彻。

作为一个企业或者一个团队的领导者，首先就应该严以律己、带头执行，为自己的企业和团队树立榜样。让部下从刚一开始参加工作，就养成维护制度的好习惯。

当日本《经济时报》面临危机的时候，为了重整旗鼓，新上任的经理正坊地隆美就采取了一种以身作则的做法，使公司重新焕发了生机。当年末大扫除的时候，新经理正坊地隆美看到地上扔着几截短的铅笔头，于是，他把财务部长叫来，当着他的面把铅笔头捡了起来。正坊地隆美这种行为使得部下对于勤俭节约有了新的认识。大家都想着，连经理都这么节俭，自己今后一定要注意。正坊地隆美还语重心长地告诉大家：如果不注意节俭小的浪费，那么积累起来就会变成大的浪费，无论任何公司都是经不起这样的浪费。

职权只能使下属服权而不服人，口服而心不服，产生的威信会是极其脆弱的。领导者在任何时候，都应该要求别人做到的自己要先做到，要求别人不做的自己坚决不做，这样才能带出一个团结、激情的团队。

一个成功的团队，其之所以成功靠的是法治，而非人治。而实施法治的关键在于团队的带头大哥对于团队各种规章制度身体力行，率先垂范。成功的领导者必须树立以下观念：

第一，领导力不能等同于权力。

很多人都误解了领导的目的，领导不全然是因为权力。有些人以为“握有权力，我就是领导”。事实上，开明而智慧的领导者会睿智地使用他们的权力，发挥在文明的用途上。而很多掌权者并不懂得领导，他们只会行使权力。

然而，企业领导者滥用权力很容易导致企业、个人的失败。

比如在“秘书门事件”中，EMC 大中华区总裁陆纯初显然有滥用权力的嫌疑，他的职务权力突破了工作范围的限制而侵入了员工的私人领域，这对于一家知名跨国公司的高管来说是不可想象的，陆纯初最后以去职告终也就在情理之中了。

第二，领导力是一种说服力、影响力。

拿破仑能够指挥千军万马，所向披靡，与他个人勇敢的品格有直接的关系。他曾说过：“32 团愿意为我而死，因为在一次战斗之后，我写下了‘第 32 团在哪里，我就在哪里’。”

美国前总统和西点军校校长艾森豪威尔认为，诚实的品格是领导者的核心。他常说：“领袖的最高人格是拥有无可置疑的诚实正直的品格。无论你是身处党派、橄榄球运动界、军队还是职场上，没有诚实正直的品格，你就不可能获得成功。如果人们发现领袖缺乏坦率、正直的品格，这位领袖将只能面对失败的结局。他的言行必须一致。一名领袖最需要的，是诚实正直的品格与远大的目标。”因为只有这样他才可能以其人格力量去影响众人。

领导者应该是让人们自愿地追随自己、选择自己。而这主要体现在：值得信赖，讲诚信；信任别人；善于沟通；坚持公正。

第三，在注重制度化管理的同时，也注重鼓励创新。

遵守企业制度是企业成员应尽的义务。但是，制度并不能够因此成为束缚、约束员工的工具，反而更应该把制度看做随时能帮助、指导员工的帮手。制度并不只指企业纪律，各种就业指导、工作指南、员工手册无不是企业制度的内容，实际上，掌握这些制度往往使你方便、快捷地处理自己工作中遇到各种问题，这实际上是提高了你的工作效率，促进了你的绩效。中国国家社会科学院经济研究所曾得出这样的结论，企业制定的各种制度降低了企业中员工之间、员工与领导之间、员工与客户之间处理关系的盲目性和随意性，它有助于降低员工交流的信息损失和交易成本。此外，各种各样的工作指南、员工手册还往往是无数前辈经验心血的积累，它使得我们处理工作中遇到的各种困难变得更为方便而成功。

我国著名企业联想自创建之日起就宣称：“本企业需要的员工不是只会逞英雄，而是各司其职；本企业需要的员工也不是只会墨守陈规，而是积极创新。”在这个科学技术日益飞速发展的今天，创新的地位和功能也远不是手工业时代所能比拟，今日的企业正如著名管理学家彼得·德鲁克的名言“不创新，就死亡”。一个企业的创新能力决定着这个企业的生死存亡。换而言之，即每一个员工的创新能力决定着企业的生死存亡。同样，每位员工的创新能力也直接决定着自己的生死存亡。没有创新能力的员工不是合格的员工。同样，不注重和鼓励员工创新、只知道墨守成规循规蹈矩的领导者，就不是成功的领导者。

第四，成功的领导者注重用数据说话而不是魅力。魅力和领导力不能混为一谈。

海尔的总裁张端敏曾经说过这么一句令人深省的话："我现在最怕的就是整个企业的员工太相信我了。如果我选错了路，往火坑里跳了，那么整个企业也跟着我往火坑里跳了。"整个企业对魅力型领导的个人崇拜和依赖，虽然也有可能带来很高的绩效，但长期看却是十分危险的。

柯林斯的研究发现，卓越的公司领导都是非魅力型的。魅力会使得人忽视了数据和证据的科学性和重要性。魅力常常会导致个人崇拜。个人崇拜的表现首先是忽视对规则和数据的轻视，其次是对于组织内部规则的破坏和无动于衷。

管理是科学。在作出决策的时候，要用数据和证据来说服干部员工。汪中求先生在他的《精细化管理》丛书中也强调：落实精细化管理首先要坚持数据化原则，以便做到任务目标明确化。而且只有用数据链接数据，才能找到企业管理中的漏洞，找到与竞争对手的差距。

领导者的"数字习惯"是企业以尊重事实的态度，将数字管理贯穿于企业经营的方方面面，制定目标方向和业务计划、分析运行与决策、评估结果、探讨交流等。几乎所有现代企业的行为都以数字为载体、为工具、为目标，张嘴是数字，闭嘴是数字，其他的话也是为了数字而说，所有的事情都是为了数字而做。

4. 做人要大气，做事要小心

要先会做人，才会做事。气度决定格局，格局决定命运。只有镇静、从容、大度的人，才可以做成大事。要把事情做好、做到位，就要做到小心谨慎，才能保证不在阴沟里翻船。

领导者要懂得宽容

20 世纪 60 年代中期，一位年轻人第一次独立负责一项新的研究。他踌躇满志，准备大干一场。可是，在一次试验中设备突然爆炸，价值三千多万美元的设备连同厂房瞬间化为灰烬。年轻人面对现场的一片狼藉，痛苦地想，看来自己就要失去这份工作了。可是老板在调查事故原因时，并没有责怪年轻人，而是问："年轻人，在这次试验中我们是否有所收获?"年轻人说："可惜，唯一的收获就是我们的试验这样做不行。"老板说："年轻人，你干得不错。我们最怕的就是从失败中没有学到任何东西!"一场重大事故就这样解决了。这位年轻人就是日后带领美国通用电气实现了二十年高速增长、被誉为世界第一 CEO 的杰克·韦尔奇。

做企业的领导者，也许最难以容忍的就是员工犯错误。许多领导者面对犯错误的员工不是厉声斥责，就是将其扫地出门。然而这往往会使得自己失去员工的信任和追随，甚至会因此而损失一个杰出的员工。如果当初的通用电气老板把杰克·韦尔奇扫地出门，通用电气也许早就成为竞争对手盘中的美食。海信集团董事长周厚健说，海信的成功取决于其对技术创新过程中的允许失败。“海信的创新体系中对此有明文规定，这对大家勇于承担难度大的课题，使研发能力不断提升起了重要的作用”。无论是谁，做什么工作，都是在尝试错误中学会的，错误越多，人越能进步，这是因为他能从中学到许多经验。拥有宽阔的胸襟，宽容那些犯过错误的人，这是企业的领导者应该牢记的一项原则。

君子坦荡荡，小人常戚戚。井底之蛙看天窄，山顶雄鹰放眼宽。如果一个人没有宽阔的心胸，那么是不可能成就大事的。古今中外，许多成功人士的经历都说明了这一点。

官渡之战，曹操彻底打败了袁绍。有人向曹操报告说，在袁绍的军帐中发现了一些曹操下属写给袁绍的书信。有人建议曹操，把这些人一一查出来，然后按叛国罪处死。曹操说：“算了，将这些书信烧了吧。”部下对此非常不解，因为这些人都是国家的叛徒，即使不杀头也要降级或者判刑。曹操则说：“过去袁绍那么强大，统治着许多州郡。不要说我的那些下属，就连我心里都没数。他们都想给自己留个后路，也情有可原嘛。”也正是曹操的宽广胸怀赢得了许多优秀人才的追随，协助他完成了统一北方的伟业。

在争做高粱“霸盘”的商战中，乔致庸打败邱家后，并没有将自己的竞争对手邱家置于死地，而是主动登门讲和，慷慨地拿出十万两银子化解邱家的困境。双方还约定联手重建商业秩序，相互扶持。后来乔致庸南下贩茶，邱家主动出资十万两银子入股，协助乔家打通了南至武夷山、北至俄罗斯恰克图的商路。乔致庸的大度使得他和竞争对手邱家在商业中实现了共赢。

彼得以为饶恕别人七次已经太多了，可是耶稣却告诉他：要做到“七十个七次”。耶稣说过，“爱你们的仇敌”，保罗也说过，“只要祝福，不可诅咒”！可见宽恕并非宽恕那些可以宽恕的人，而是宽恕不可以宽恕的人。只有不可宽恕的人的存在，宽恕才会存在。宽恕是没有任何条件的，是将友人与敌人都还原成人。

善用威者不轻怒，善用恩者不妄施。老子说：“曲则全，枉则直。”意思是说委曲反能保全，屈就反能伸展。宋代吕本中说：“不与人争者，常多得利，退一步者，常进百步。”要培养自己宽阔的胸怀，就要首先树立一种只问耕耘不问收获的、无私的思想和观念。

小刚和小军是亲兄弟。由于父母早亡，做大哥的小刚就担当起照顾弟弟小军的责任。后来弟弟娶妻生子，跟大哥小刚发生了冲突。结果兄弟之间，二三十年间没有来往。但是小刚非常的生气，终日郁郁寡欢。他常常想，我对弟弟小军这么好，他怎么可以这样对待我！后来有一位老人这样劝导小刚：你当大哥照顾小弟，是你做大哥的本分。你这样做了，是问心无愧，你又何必要气得半死呢？你对他好的目的不是要去谈交易，不是要他一定要对你好。你已经尽心尽力了，已经尽了大哥的责任。况且弟弟与你发生矛盾，是他的错，又不是你的错。你又何必痛苦呢？而且你的痛苦并不会换来他的理解。既然如此，你又为什么不一如既往地善待你的弟弟呢？小刚听了，宽恕了弟弟，像往常一样热情地对待弟弟。终于，弟弟意识到了自己的错误，兄弟二人和好如初了。

要成就大事，要养成良好的品德，就必须要有宽广的襟怀，宽容待人，对他人的一些非原则性的缺点和过失多一些宽容与忍让。宽容不仅可以体现你的爱心，也可以给我们带来巨大的人格力量，使我们获取友谊、赢得信任，可以推动我们的事业前进。让我们牢记这句古语吧：**“用争夺的方法，我们永远得不到满足，但用宽容的方法，我们可能得到比我们期望的更多。”**

尊重你的兄弟

作为企业的领导者，你之所以能够出入收费不菲的高级会所，坐着头等舱天南海北的飞来飞去，云游天下，是因为你的员工们在商场一线为你打拼。你之所以能够收获甜美的胜利果实，是因你的员工们就是那些默默无闻的种植、培养果树的人。因此我们在享受了员工们给我们创造的幸福的时候要心存感激。同时，我们也有责任让员工们享受我们奉献的成果，给员工们以回报。只要我们心存感恩之心，回报之心，我们就能够获得更多的成就和幸福。我们就能够和员工们一起成功，一起挣钱。

我们应该明白：自己所获得的的一切，所享受到的一切，不是平白无故的，而是他人所创造、所奉献的。正是这些人直接或间接的奉献使得我们获得了成功和幸福。

因此，**我们应该树立这样的思想和观念：不管你对世界的贡献有多大，那仅仅是为你生活在这个世界上付出的“利息”，是对那些给予你帮助的他人的回报**。作为企业的领导者，你首先应该感恩的就是为你打拼的员工们。感恩不应仅仅体现在给予他们丰厚的薪水，高额的股权，更应该体现在对员工们的尊重方面。尊重员工就是一种最好的感恩。

在20世纪30年代，芝加哥西部一家电器公司就发现：企业的员工不仅仅是靠工资来调动积极性的经济人，而且是有尊严的社会人。也就是说要管理好企业，首先必须充分地尊重员工。

日本著名企业家松下幸之助说过：“当我看见员工们同心协力地朝着目标奋进时，不禁感动万分。”他提出并倡导企业的各级领导者要为自己的员工端上一杯茶、送去一份生日礼物。他认为，只要领导者能把员工的冷暖疾苦放在心上，真正发自内心地去尊重他们、关怀他们，就可以激发员工的爱岗敬业精神。对员工心存感恩，员工就会把企业当成自己的家一样珍惜，就会最大限度地发挥出自己的创造力。

尊重员工，要体现在领导者的语言和行动上。

作为领导者要切忌出现这样的语言：“喂，某某人你去做件事。”而是要心存感激地对自己的员工说：“对不起，麻烦你做这件事好吗？”粗暴的命令、指挥会让你的员工在心理上对你拒而远之。而这种和善、恳求的口气则能够让你的员工感到你对他的重视，就很容易让你的员工快乐地为你效力。

牟其中不通“刚柔并济、亲疏有度”之道，疏于协调，不讲人情世故，这不能不说是其企业迅速败落的一个主要原因。牟其中坚定的追随者汪明泉每次从满洲里回到北京总部，牟其中见面从来没有问过诸如“天气冷不冷”、“一路是否辛苦”之类的体现温情的话。他面对自己的员工从来开口就是工作，闭口就是事业，很少对自己的员工嘘寒问暖。即便是牟其中入狱后，汪明泉到监狱去看望他时，牟其中也还是谈事情，从来都不问汪明泉等旧部最近的状况。由于平时对员工疏忽了关心，因此在牟其中出事之后，许多员工纷纷离开了南德，很少有人愿意为他的事情奔走，更多的人是落井下石。众叛亲离的牟其中如今已经是山穷水尽，连自己的生活费用都成了问题。牟其中两个在美国的儿子一共也只剩3000美元的生活费了。管理专家们认为，南德集团的失败其中一个原因是不重视管理的规范化，另一个原因就是领导者缺乏感恩心态，认为员工拿了薪水就应该为自己服务。其实领导者忘记了你付的薪水永远无法与员工为你创造的价值相提并论。没有员工，就没有你这个领导者。因此，不重视管理的人性化，缺乏对员工的应有的尊重和关心，是导致许多像南德这样的企业走向毁灭的主要原因。

尊重员工不是作秀，而是领导者关心员工的真实情感的流露。虚情假意的作秀者往往和半夜鸡叫的周扒皮一样让员工感到憎恨。

一位经理对管理咨询师说：“我们企业的员工素质太低。有一次，一位员工过生日，我给他送去了一束鲜花。可是，我刚走出房间，就听见他把鲜花扔在垃圾桶里了……”这位经理为此非常伤心。可是管理咨询师发现那位员工比经理还生气：“他前一天还当着许多人的面骂我，今天送鲜花纯粹是作秀。我不把花扔在他脸上，就是给他好大的面子了！”

可见对员工的尊重要成为领导者真实感情的流露和表达，而不是徒有一些表达尊重的方法和技巧，心底却在骂员工“工作不负责任”！只是在语言和行动上尊重员工，内心却没有尊重员工的理念，这种“作秀”当然要招致员工的反感。

尊重员工不是要求你必须给你的员工高薪，而是发自内心的时刻去关心员工的现实需求。**法国思想家卢梭说过：“天底下只有一个办法可以影响别人，就是想到别人的需要，然后热情地帮助别人，满足他们的需要。”**钱不是造成企业中矛盾的根源，企业中矛盾的根源是人的矛盾，是员工不能够得到充分的尊重和认可而引起的矛盾。

沃尔玛则把员工称为企业的“合伙人”，并注意倾听他们的需求。萨姆·沃尔顿曾对自己企业的基层管理者说：“关键在于深入商店，听一听各个合伙人要讲的是什么。那些最妙的主意都是店员和伙计们想出来的。”一天晚上，沃尔顿路过公司的一个发货中心，同一些刚从装卸码头上回来的工人聊了一阵。结果，他发现这儿至少还需要两个沐浴间。于是他马上命发货中心负责人去安排，为员工增设沐浴间。

萨姆·沃尔顿认为，许多企业里，大多数的领导者依靠恐吓和训斥来领导员工，没有什么比这种做法更容易引起员工们的反感了。萨姆·沃尔顿要求沃尔玛的各个层级的领导者必须以真正诚恳的尊敬和亲切对待自己的员工。领导者必须了解员工的为人，他们的家庭，他们的困难和他们的希望，必须尊重和赞赏他们，表现出对他们的关心，这样才能帮助他们成长和发展。沃尔玛的执行副总经理迪安·桑德这样评价萨姆·沃尔顿，他说：“我总是感到，对萨姆来说，商店的员工就是皇帝。他热爱他们，他们也的确感到他的心扉是敞开的。”

认真做好每一件事

一次，我去修车，由于车的内胎无法修补了，修车的师傅给我换了一条新的丁基内胎。可是换的新车胎在第二天就跑气了，我只好再去找他修车。检查结果表明是因为外胎里留有铁屑，没有清理干净，导致铁屑扎破了内胎。于是那位师傅只好再为我修补一下内胎。结果不知为什么毛手毛脚的他同一个洞居然补了两次才补好。当时，他的理由是洞在气门芯附近很难补。我看着笨手笨脚的他在补第二次的时候动作很慢，折腾了许久。我想，这次千万别出问题了。太麻烦了，为了修车，我已经连跑两趟了。谁知道，第二天车胎又没气了。我只好再次去找那修车的师傅。他检查了一下，发现是第二次的补丁没有补牢固，一承受压力就开胶了。他只好为我又换了一条新内胎。这一次车胎才没有再跑气。

认真做好每一件事，哪怕是补胎这样的小事。养成做事认真的习惯对我们每个人都很重要。特别是作为企业的领导者，更应该养成做事小心、谨慎的习惯，力争第一次就把事情做对、做好、做到位。如果那位修车的师傅做事十分地认真，第一次把外胎的内部处理干净，又怎么会有后面两次的修车呢？

修车不是什么大生意，做事疏忽大意，不认真只会让你损失一条内胎。可是如果是做大生意，不认真就很可能要你血本无归，甚至是倾家荡产。如果是在战场上，那么不认真的你将会为此付出生命的代价，横尸沙场。

1930年5月，冯玉祥的几十万军队奉命日夜兼程进军泌阳。事实上，冯玉祥确定的进军地点并不是“泌阳”而是“沁阳”。可是冯玉祥的那位作战参谋做事太不认真了，在拟订命令时，误将“沁阳”写成“泌阳”。由于两地相距两三百里，结果贻误战机，导致冯玉祥全军惨败。

做事不认真，敷衍了事，这样的人难成大事，这是铁律。人们在做事情的时候之所以会有敷衍了事的观念，是不值得定律在起作用。不值得定律告诉人们：不值得做的事情，就不值得做好。

可是什么是不值得做的事情呢？曾经有一本书很畅销，叫《细节决定成败》。它告诉人们哪怕是微不足道的事情，有时也会显示出非凡的重要性，甚至决定你事业的成败。因此，我们要养成做事认真小心谨慎的好习惯。

以铺地板砖为例，在地面做完防水后，开始铺砖。正规的铺砖程序是：第一步要先挑选瓷砖，要注意瓷砖的色彩基本一致，因为砖的颜色多少都会有些偏差；第二步，将瓷砖在水中浸泡以便充分吸收水分；第三步，要用水泥沙浆先将地面铺平；第四步，把未涂水泥的地砖铺在地面，先敲平；第五步，把水泥浆涂满地砖，平铺在地面上，要做到四块砖的对角位置对齐且平整。在铺完砖短时间内不要踩踏，因为这样容易出现空谷现象。铺地板砖虽然是十分简单的一个工作，但是却很少有装修工做到铺好每一块地板砖。人们常常会发现地砖铺得高高低低，颜色也不太一致，甚至出现很多空谷。

而在德胜公司则不会出现任何的做事应付的现象。德胜公司对于自己的客户是十分认真负责的，甚至达到了让人吃惊的地步。且不说建造的小区质量是如何好，甚至连小区内某一棵树的落叶时间在德胜公司的报告书上都有详细记录。一些在人们看来与德胜业务无关紧要的事，他们也从来不会轻易地放过，比如有线电视问题，游泳池问题。虽然这些工作都有相应的单位负责，但是德胜公司同样要求把事情做到最好，甚至不惜为此贴上巨资。

不敷衍了事，认真地做好每一件事，每项工作都追求尽善尽美，这就是那些成功人士和成功企业告诉我们的成功经验。

养成做好每一件事，每一项工作都务求完美、善始善终的习惯，你必然会步入人生事业的辉煌。而这一点正是成功者和失败者的分水岭。

5. 老大要善于做势，兄弟要善于助势

牛根生说过："这个世界不是有权人的世界，不是有钱人的世界，而是有心人的世界。有心人擅长'三大做'：做事，做势，做市。"一个好的大哥就是要善于做势，好的兄弟则要善于为大哥助势。

兄弟们，跟我上——与其喊破嗓子，不如作出样子

有人分析当年国民党的美式武器没有能够打败共产党的小米加步枪，就是因为国民党的军官在打仗时喊的口号是："兄弟们，给我上！"士兵在前线流血，他们却在后面花天酒地。而共产党的军官喊出的口号则是："同志们，跟我上！"将军和士兵一起挥舞着大刀在枪林弹雨中冲锋陷阵。结果是国民党退守台湾，共产党的红旗插遍全中国。

"其身正，不令而行，其身不正，虽令不从。"要求别人做的，领导者首先要自己做到；禁止别人做的，自己也坚决不做。"喊破嗓子，不如作出样子"。老百姓总是对领导者"听其言观其行"的，其行善，其言才有力。正人必先正己，"上清而无欲，则下正而民朴"。"以正德临民，犹树表望影，不令而行"。唯有如此，领

导者才能真正地发挥出自己的影响力。

在战争年代，毛泽东、朱德、周恩来等领导人总是和全党全军同甘共苦。朱德的扁担，周恩来的纺车，毛泽东的打着补丁的棉衣，正是靠这些，他们带出了一支纪律严明、能够打硬仗的人民子弟兵。建国后，毛泽东、朱德、周恩来等领导人依然在以身作则的同时，严格要求自己的子女和亲属。毛泽东亲自把儿子送上了抗美援朝的最前线，周总理把自己的亲属从北京调到内蒙。在经济困难时期，毛泽东带头不吃肉，他的女儿曾经因为饥饿而昏倒在学校。而以不在军队中担任实际职务为理由，坚决不拿元帅工资的朱德则成了中南海里最拮据的家庭。正是靠这些，他们带出了一个清正廉洁的好党风。

毛泽东主席常说：“要使人家不动摇，首先要使自己不动摇。”领导者以自己的行动去带动自己的员工，其本身也是对一些员工越轨行为的无声批评，其效应往往是正面批评根本无法代替的。另外，在自己的员工出现失误时，作为领导者必须勇担责任，而不要推诿于人。

美国著名领导学家史蒂芬·柯维博士认为，领导的本质是影响力。或者说“领导的才能就是影响力，真正的领导者是能够影响别人，使别人追随自己的人物”。一个成功的领导者往往能够做到以身作则。他们会克制自己的冲动，培养自己的前瞻性、控制力和对他人的耐性。他们能够在各个方面为员工树立一个良好的榜样，用榜样来影响自己的员工和团队。

兄弟们，跟我上！张瑞敏认为，管理就是树立榜样。领导者要是坐下，部下就躺下了。作为领导者就应该这样：遇到困难要“先之以身”，遇到享受要“后之以人”。要求别人做到的，自己首先做到；要求别人不做的，自己率先不做。领导者只有做到这一点才能服人，正人，赢得员工的衷心拥护。与其喊破嗓子，不如作出样子。榜样的力量是无穷的。领导者只有以身作则，用实际行动去影响自己的员工、激励自己的员工，才能起到事半功倍的效果。如果领导者不学无术，夸夸其谈，总是说得多做得少，雷声大雨点小，就会使自己的员工失望，挫伤员工的积极性，导致团队的涣散，影响团队的战斗力。

在能把握全局的前提下，不要追求事必躬亲

许多企业的领导者之所以难以取得较大的成就，大多数是因为他们事必躬亲、鞠躬尽瘁所致。

在美国的历届总统中，美国前总统卡特虽然是个十分上进的人，但是由于他未能充分授权，以至于使他成为“无能”的代名词。一天，一位民主党要员拜见卡特。他发现卡特身边地板上堆着到膝盖那么高的一堆文件。卡特说：“这些都是空军的预算书，每一页我都要仔细地看过。”这位要员与卡特谈完事情，又去拜见卡特的幕僚长。他发现幕僚长显得十分的悠闲。后来这位要员回忆说：“看起来，卡特像是幕僚长，而幕僚长像是总统。”据说，卡特到任时，甚至连复核白宫网球场使用者的名单也要亲自去做。

作为一国元首的总统总是专心于这些细小的枝节问题，哪里有时间去领导全国性的重要事务呢？因此当时有近三分之二的国会议员批评卡特“缺乏领导能力”，也就不足为奇了。

柳传志经常说，当企业小的时候，或者刚开始做一项全新的事业时，领导者一定要身先士卒。很多时候，领导者是演员，要上蹿下跳自己去演。但是当企业上了一定规模以后，领导者一定要懂得及时退下来。他说：“要做大事，非得退下来，用人去做。如果我一直身先士卒，就没有今天的联想了，我现在已经退到了制片人的角色。现在包括主持策划，都由年轻人自己搞，杨元庆他们自己的事，由他主持策划，我只是谈谈未来的方向。”

可是许多企业的领导者往往为了提高效率，不敢放心自己的下属去做一些重要乃至核心的事，他们往往喜欢亲历亲为。当然，有时候因为时间紧迫，领导者的工作压力很大，怕耽误时间，而不敢把工作交给下属去做。

西方的管理学者们认为：“领导者必须授权。”而唐代的赵蕤在《反经》中则对于管理有着更为详尽的阐述：“自为之则不能任贤，不能任贤则贤者恶之。”他不但说出了领导者要授权，还提出了不授权的危害。孔子说：“不在其位，不谋其政。”作为领导者一定要找准自己的位置。自己身居管理岗位，就要把管理岗位的事情做好，就不要总是眼睛盯着员工的岗位，为员工代劳。不在其位不了解情况，隔行如隔山，谈论起来于事无补，反而添乱，还是素其位而行，安于本分为好。

畅销书《细节决定成败》的作者汪中求认为，在实际工作中，一些老总不懂、不肯、不会授权的原因无非是：

1. 过分相信自己的能力、水平和经验，总认为只有自己才能把事情办好；

2. 少数老总畏惧下属的潜力，担心一旦授权后下属才能借机得到充分发挥，会给自己树立一个竞争对手；

3. 极少数老总有强烈的权力欲望，认为只有事必躬亲，才能显示自己是有权力的人，不要说授权，就是下属职责范围内的事也要插手；

4. 也有的老总虽然知道要授权，但却不懂得如何授权。

那么，领导者怎样辨别某件事情是否需要授权呢？柳传志给出了答案，他说："我跟下级交往，事情怎么决定有三个原则：同事提出的想法，我自己想不清楚，在这种情况下，肯定按照人家的想法做；当我和同事都有看法，分不清谁对谁错，发生争执的时候，我采取的办法是，按你说的做，但是，我要把我的忠告告诉你，最后要找后账，成与否要有个总结。你做对了，表扬你，承认你对，我再反思我当初为什么要那么做；你做错了，你得给我说明白，当初为什么不按我说的做，我的话，你为什么不认真考虑；第三种情况是，当我把事想清楚了，我就坚决地按照我想的做。"

"第二种情形很重要，不独断专行，尊重人家意见，但是要找后账。这样做会大大增加自己的势能。"

管理学者们在研究了大量的企业案例之后，确定了领导者授权的范围和授权程度：

1. 必须授权的事务。

日常性的事务，具体的业务，这些事务几乎所有的员工都可胜任。把这些工作交由员工去完成，领导者可以充分地节省自己的精力和时间。

2. 应该授权的事务。

这一类事务不仅具有一定的日常例行性，同时也对员工具有一定的吸引力和挑战性，几乎没有风险，大部分员工通过努力就可以顺利完成。把这些工作交由员工去做，可以充分调动员工的积极性和创造性。

3. 可以授权的事务。

这一类事务具有一定的难度和挑战性，只有那些具备相应的职业道德、知识能力、心理素质的少数优秀员工才能顺利完成。领导者在对这类工作进行授权时要注意一方面要有针对性地选择具有相应胜任能力的员工，另一方面要选择合适的授权方式。在授权之前，你一定要充分考虑授权之后可能发生的风险，并能够制定相应的预防措施，以免你把事情交给别人去做以后，你自己又成了一名忙碌的救火队员。你要知道消防和救火是有区别的，消防的口号是“消防结合，预防为主”。

4. 禁止授权的事务。

这类事务的特点是具有整体性、未来性，往往具有较高的风险，而且涉及部门、团队、企业的整体利益，影响很大，一旦出现失误，企业会为之付出巨大的代价。这类事务禁止授予员工，只能由领导者本人躬行亲为。在不同管理层次的领导者都有一些禁止授权的工作。对于企业高层领导者来说，严禁授权的事务主要包括：组织战略规划的批准权、组织机构设置及变更的决定权、关键部门负责人的人事任免权、重大财务的开支权等。

美国前总统卡特就曾经在授权方面犯过原则性的错误。一方面，他什么事都喜欢管；另一方面，他却把挑选重要干部助手的工作，完全交给干部去执行。结果这些助手级的幕僚，在一些别有用心的人的指使和庇护下，互相攻讦，终于造成了卡特的黯然下台。

另外，领导者在授权的时候一定要遵守以下原则：

1. 确定与目标相应的责任和权力，充分授权。做到有效授权的前提是，企业的经营管理实现了制度化和规范化，各职能部门和岗位的职、权、利非常明确。只有做到这些，授权才可能是有章可循、有规可依。

2. 根据工作的特点来选择具有相应的工作能力的员工。不要把工作授予无法胜任的员工。

3. 与员工之间保持及时、有效的交流和沟通。因为授权并不是放任不管，作为领导者要对自己的员工负责。

4. 建立适当的控制。"没有监控的权力必然滋生腐败"。必须确保员工的权力得到恰当使用，而不是滥用职权，或者被削弱权力。适当的控制不是去干预员工的工作，而是为了及时发现偏离计划的现象，及时解决工作中的问题。

5. 对于那些有效的授权和成功的授权应该给予与之相应的奖励。除了授予当事人奖金之外，还要授予他们更大的自由处置权，提高他们的威信，这样往往会对员工产生更大的激励作用。

韩非子说过："下君尽己之能，中君尽人之力，上君尽人之智。"敢于授权并善于授权，是一个领导者能否激发员工的工作积极性，集思广益，打造一支高绩效团队的关键。

附：

提升领导力的途径

作为一个企业或团队的领导者，要提升自己的领导力应该从以下几个方面做起：

1. 为员工作出榜样。你要求员工所具备的专业素质和奉献精神，自己首先要做到。

2. 养成学习的习惯。随时随地向周围的人学习，包括向你的团队成员、你的竞争对手学习。

3. 在团队中为员工创造一个良好的学习、发展环境。鼓励员工创新，允许他们从错误中学到经验。同时能够为员工提供职业发展方面的指导和建议。

4. 有效及时地与大家沟通。有效的沟通可以树立你在团队中的威信，更重要的是有效的沟通能够使你获得团队成员的支持。同时要虚心听取不同意见。让员工们相信，任何时候，你都愿意听取他们的意见和建议，而且这样做也是在向员工表示你是始终支持、关心他们的。

5. 认可员工的努力和成果。在公共场合认可、肯定员工付出的努力和取得的成绩，一方面有利于他们建立自信，另一方面有利于激发员工的工作积极性。

6. 要让你的团队成员看到“远景”。与员分享企业“远景”，无疑是一种十分有效的激励措施。

7. 果断决策。优秀的领导者能够果断地作出决策，并坚持执行决策。

8. 有耐心，能够坚持。培养领导能力需要时间，特别是当你迈入新岗位的时候，你需要向同事、同级经理和你的社交圈中寻求人们的支持和帮助。

五、坐椅子、分银子、给面子——做大做强要过三关

许多民营企业在创业的时候都是效仿梁山好汉，几个非常讲江湖义气的兄弟为了一个共同的目标聚集在了一起。然而要想把企业做大做强就要过“坐椅子、分银子、给面子”三关。做事业不能仅仅依靠朋友、兄弟之间的情谊，还要确立一种固若金汤的规则。梁山好汉的悲惨下场是必然的，他们最大的失败是用友情作为维系事业的纽带。因此，一个好的企业最重要的是能够长久地留住兄弟们的心。

1. 绝不能亏待好兄弟

1991 年，万通在海口成立。成立之初，王功权是法人代表、总经理，刘军是副董事长，王启富是办公室主任，易小迪则是总经理助理，后来的潘石屹主管财务中心。由于冯仑岁数最大，在原单位是众弟兄的领导，万通第一桶金也是他用一张批文换来的，冯仑自然成为万通的董事长。这六位创业者被人们称为万通六兄弟。

冯仑很有老大的样子，六个创业的兄弟采用了水泊梁山的模式——“座有序，利无别”，资产和工资都平均分配。冯仑回忆道：“创业初期，很难说谁的贡献大，谁的贡献小。我提出一个观点，认为大家在一起，不是钱的投资，而是人的合作，缺了谁，都不行，所以，要平均分配金银。”“只有平均分配金银，大家才能没矛盾，才能团结大家在一起多走一段。”

有一天，冯仑六兄弟曾去拜访万科的老总王石。王石与大家谈了许多关于企业的管理问题。王石当时就明确指出：“冯仑几个虽然是热血青年，但是今后面临到利益冲突，一定会出问题。”可是当时冯仑六兄弟都认为这是低估了他们兄弟间的情义。

不久六个创业兄弟分别到达了北京、深圳、南宁、上海。由于分居各地，大家的沟通自然就少了，信息也不对称，自然在看问题时就有了一些分歧。后来，冯仑回忆说：“我们之间的冲突都不是为了自己多挣钱，挣了钱都是大家的，我们大家的股份也都一样，我们之间的问题是事业成就感的问题，我们这些人都很有职业使命感。”当初冯仑想在各行各业发展，想在全国各地发展，而潘石屹就想在北京做房地产。大哥冯仑坚持要做的事情，几个兄弟也不好拆大哥的台，但分歧却明显地摆在那里。“现在回想起来，我当时的多元化思路当然不成功，从财务上看，这些投资大部分都赚钱了，但赚钱并不代表成功。我们当时没精力也没竞争力搞多元化。从战略上来说，我们当时还是一个小企业，多元化使万通丧失了做大做强的机会。”但是在当时，冯仑还没有意识到自己的错误。由于兄弟们拗不过做大哥的冯仑，最后大家只有用脚投票。

“我们不想分开，1994 至 1996 年，几年里几个人没事就凑在一起讨论究竟该怎么走，有的人难受得哭了。外人很难想象我们当时痛苦到什么程度。”冯仑后来回忆那段伤心的往事时说。可是冯仑知道，当时的现状是只有分开，才能够让每个兄弟都能够发挥自己的才能，实现各自的远大抱负，才能够不让那曾经跟随自己打拼的兄弟寒心，才能够不会伤及兄弟们之间的情谊。后来受经济学家周其仁的启发，冯仑决定以“江湖方式进入，商人方式退出”来改造万通。所谓的商人方式，就是组织分法，六兄弟谁管哪块就分哪块，清算账目，最后基本按比较平均的一个数目分给那些离开企业的人。王启富、易小迪、潘石屹将股份卖给了冯仑，王功权、刘军则自己另立门户。在万通分家之后，王功权转行创办“鼎晖创投”，如今是最好的国内基金管理人；刘军则重归农业高科技投资，在四川从事农业项目；王启富成为了“海帝地板”的总裁；潘石屹也在北京做房地产；易小迪现在是阳光100的老板；只有冯仑自己一直留在万通。

冯仑认为，公司从最初到最后都有很多事要扛，大哥是干什么的？大哥是扛事的。便宜多了不便宜，身边兄弟都看轻。所以在分手的时候，冯仑表现得非同一般，把所有的荣誉、利益都让给自己的兄弟，而自己去承担责任和困难。他对要自立门户的潘石屹说：“你新做的公司需要品牌，万通以前所做的无论多伟大的事情，你都可以说是你做的。”而且潘石屹出去做的第一个项目SOHO现代城，就是从万通带走的。

在分手的时候，作为老大哥的冯仑作出了相当的牺牲。1995年6月，万通六兄弟分家，离开万通的兄弟们只分走了现金和资产，未分走万通的债务，而是留给了大哥冯仑。冯仑回忆说：“历史上犯的所有错误、坏事全揽我这儿了。”“所有的债务，最后我都得还，连利息都得还了，才没有人起诉我。所以我老说伟大是熬出来的。”

由于兄弟们分走了一半资源，而且还要解决一些历史遗留问题，自1997年之后万通的发展速度明显地慢了下来。但是做大哥的冯仑却欣慰地说：“我们散伙是按商人规矩办的，而且，大家在财务上非常透明，彼此也很信任，所以，彼此之间没有感到受伤害。”“我现在去广西都是小易接待。我们现在在广西有事情，打电话找小易，他还会帮忙。”分家后的万通六兄弟并没有翻脸，大家都还认为自己是同门兄弟（“万通系”）。

正是因为这次成功的分家，万通才得以存活，而六兄弟也各自有了属于自己的事业。**柳传志讲过，不能因为分钱难我们就不去**

分钱。种苹果的时候就要把分苹果的游戏规则都定好。万通的发展经历告诉人们，兄弟情义固然重要，但是我们不要忘记：商场是对人性的一个考验，在分钱的时候表现得最为明显，它是一个利益最集中的表达。在这种情况下，所有人都不愿委屈自己。如果不是万通六兄弟都有着较高的度量，还不知道这个家要分成什么样子呢，也许万通早就灰飞烟灭了。所以冯仑在他的博客中这样告诫那些准备创业或者已经创业面临着和当初万通六兄弟同样境遇的人们：**“同学一起创业跟结婚恋爱的人一样，刚开始都是在想好事。但是过一段时间真的会有很多问题，如果没有有效的责权管理、人事分配、制度监控，就会走两个极端，使组织崩溃。在创业初期懵懵懂懂效率比较高，但是未来的成本会很大。所以过度承诺的婚姻，叫误会，离婚反倒是理解，是成熟。”**

2. 责任是我的，成功是大家的

当一件事情成功了，很多人会站出来抢功劳：

“这是我提出的创意。”

“是我对他的创意进行了修改。”

“幸好我坚持已见，没有听他们的坏点子。”

“我这个人向来不喜欢抢功劳，但是，这一次如果不是我废寝忘食地加班，哪能成功?”

可是，当一件事情失败了，也会有很多人站出来把责任推在别人身上：

“这不是我的错误。”

“我不是故意把事情搞砸的。”

“没有人告诉我不可以这样做。”

“我没有参与这件事。”

“本来不会这样的，都是由于……”

同一件事情，同一些人，成和败，却表现出了两种不同的态度。成功时，大家争着表功，仿佛只有自己是“擎天白玉柱，下海紫金梁”，别人都是无名的小草。失败时，所有人都说不关自己的事。而成功的领导者则不一样，他们宁愿自己承担责任，因为有人承担责任，总比没有人承担责任好。成功的领导者宁愿推让功劳，即便是被人抢去功劳，也总胜过大家一起失败。

周恩来总理就是这样一位具有推功揽过的美德和修养的杰出领导者。周恩来总理是举世闻名的“八一”南昌起义的主要领导人，八一电影制片厂的同志曾多次请示中央准备用纪录片、故事片等形式反映和歌颂这光辉史绩，但都由于周总理的不同意而一次又一次地取消了摄制计划。1959 年，在军事博物馆正式展出之前，周总理亲自去审查。当讲解员介绍“八一”南昌起义是在周恩来同志的领导下获得成功的时候，周总理立刻打断说：“怎么是我领导的呢？是党派我去的嘛，是党领导的！”他严肃地要求把解说词改正过来。接着，就越过南昌起义部分，去看后面的陈列了。

也许有人认为在功劳面前谦虚退让比较容易做到，可是在错误和责任面前却很少有人能够大声地坦率地说：“这是我的责任！”然而，周恩来总理却能够做到。他一生中有过失误，也犯过错误。但他襟怀坦白、严于律己，对自己的缺点错误，从不隐瞒，从不文过饰非，更不会诿过于人。他说，一个领导者“应该永远赤裸裸地站在群众面前。我们不希望我们的同志偶像般地来看领导，要具体地、全面地看，他是不是一个好的领导，即使够，也还要看有什么缺点，帮助他改正”。

1954 年 7 月 21 日下午是日内瓦会议宣言通过的日子，周恩来总理嘱咐一位新华社记者，下午不必去开会了，就在房间里拿着宣言的初稿等通知，每修改或者通过一段就由电台向北京发一段。记者按照总理的安排，每接到一个电话，就改正一段，然后用剪刀剪下来送往电台。由于办公桌靠近窗户，被剪成一段一段的原稿有的被风吹走了，记者一时没注意到这个情况，以致发回北京的电文比其他通讯社的电文少了几段。当发现时，《人民日报》已经印了24万份。总理知道后，非常生气。可是当记者准备好了接受批评时，总理说："你来了，到机要室去看看我给中央的电报，然后赶快补救，北京还等着呢。"总理在给中央亲笔写的电报里，根本没有提到记者，只说自己"应负失职之责，请中央给予处分"。电文漏发的责任主要在记者，但周总理却主动承担了责任，请中央给予处分。这体现了对下属的包涵，对工作的负责。

有时候一些事情虽然不是周恩来负责的，但只要是国务院、党中央决定的事，他都主动承担责任。1956年，周恩来提出反"冒进"，结果却受到错误的批评。最后"大跃进"导致了三年困难，以至于国务院的各个部委及各省、市、自治区上下交困、互相埋怨。为了全国上下的安定团结，周恩来主动承担责任，到处检讨。有人看不下去，劝说道："总理，你不能把什么事都担到你身上。"周恩来说："我是总理，中央、国务院决定的事我都有责任。"

古人云：五戒难，最难盗戒（盗物、盗名、盗光阴）。贪图名利和富贵是人之常情，但是绝不能揽功诿过，更不能沽名钓誉，为了自己的名利而坑害他人。而且，一个成功的领导者必定是一个具有推功揽过的美德和修养的领导者。所谓推功，就是不要把团队的功劳据为己有，而是多分一点儿给你的同事；所谓揽过，就是当遇到责任或过失时，不要把自己择得干干净净，要多论己过，少责人非，要多承担一点责任在你的肩头。不要问这是为什么，只因为你是这个部门、这个团队、这个企业的领导者。你推出去的功劳，早晚也会是你的；你不揽的过失，也早晚都是你的。因为你和你的团队是同呼吸共命运的整体。只要是发生在你的团队，无论是哪一个成员的功劳和错误都与你息息相关。团队成员的成功源自他们自己的勤奋和努力，团队成员的失误却是因为你的指导不到位。团队成员的支持决定了你的成就和目前的地位。功劳名誉面前，谦虚一些，让团队的成员分享你和团队的成功与喜悦，能够激发他们更大的潜力。揽过一些过失，让团队成员更加轻松地投入工作，能够让他们看到你对员工的爱护。

附：

企业家的基本素质

远大集团董事长张跃认为企业家素质应该包含以下内容：一高、二强、三多、四稳。

一高：境界高；

二强：欲望强、耐力强；

三多：多才、多艺、多兴趣；

四稳：原则稳固、方向稳当、作风稳健、情绪稳定。

企业家应该是一个完美的人，是承担责任的人。要想成为承担责任的完美的人，这十条是必须要做到的。

3. 学会给人面子，自己才有面子

泰国正大集团资深执行副总裁蔡绪锋将其近40年的企业管理经验归纳为一句话："要避免英雄主义，成功不是感到自己的大功，而是团队的力量。出去工作时，不要有英雄主义，要和睦，不要争胜，吃亏是福。"

让人为上，吃亏是福

被同事或员工们骂，是许多领导者都会面临的情况。但是很少有领导者能够以德报怨，顾全大局，委曲求全。常常有一些领导者与员工们拍桌子瞪眼，结果弄得大家不欢而散，领导者也因此在员工们中失去了威信。

古人云："何以息谤？曰：无辩。"又云："吃得小亏，则不至于吃大亏。"

没有人愿意吃亏，但是有的亏是必须要吃的。美国前司法部长罗伯特·肯尼迪说："只有那些敢于承受巨大损失的人才能获得巨大的成功。"你的付出决定了你的收获。商场上的成功人士莫不是"打落了牙往肚里咽"，最后做成了事。

希腊的哲学家伊比格泰斯特说过："爱惜金钱、快乐或是名誉的人就不可能爱别人。"我国的书画家郑板桥也曾经留下"吃亏是福”的墨宝。

“吃亏”与“福”并言而称，似乎不是常人所能够理解的，即便是理解了也无法做到。在许多人看来，怕吃亏是最为常见最为普通的一种心态。而且可以肯定大凡吃了亏的人大都是满肚苦水一腔怨恨。留个小心眼，抢先一步，这是所有人的心态。

日本“绳索大王”岛村方雄在创业之初，贷了100万元作资本。他在麻绳原产地大量采购麻绳，然后再以原价售出。一年之后，岛村付出的时间和精力得到了回报，几乎所有人都知道“岛村的绳索确实便宜”，全日本各地的订单像雪片般地飞来。这时，岛村开始拿着厚厚的订单和一年来的售货发票收据，对绳索生产厂商说：我投入了一年的时间和精力，为贵公司拉来了许多客户，可是我却没赚过你们一分钱！厂商们知道后非常感动，于是决定向岛村让利，把每条绳索的价格降低5分钱。不久，岛村又拿着订单和售货发票收据去见客户。客户也非常的感动，因为天底下还没有第二个人像岛村这样在一年之内免费为大家服务。于是，所有的客户也都心甘情愿地把售价提高了5分钱。如此一来，岛村一条绳索就有了一角钱的利润。岛村的生意越做越红火，每天的销量高达一千万条，按每条绳索赚一角钱计算，他每天的利润就高达一百万日元。吃亏是福，岛村一年的免费服务为客户和厂商带来了很多订单，而他的真诚也获得了大家认同和信任。岛村的绳索生意也实现了从零利润到日进百万的巨大飞跃。

这也正是应了郑板桥对于“吃亏是福”四个字的解释：“满者

损之机，亏者盈之渐。损于己则利于彼，外得人情之平，内得我心之安，继平且安。福即是矣。”

由此，我不禁想到了，**人在社会，安身立命靠什么？一个团队，能够获得成功靠的是什么？**

靠的就是一种吃亏是福的平常心，靠的是能够为他人着想的奉献意识。

在日常生活与工作中，当我们的利益和别人、集体的利益发生冲突时，我们要做的就是舍利存义，宁愿自己吃亏，并且乐于吃亏，表现出一种“不以物喜，不以己悲”的高风亮节。一个社会中肯吃亏的人多了，这个社会的环境就和谐；一个团队中，肯吃亏的人多了，风气就正，有凝聚力，事业就兴旺；反之，一个社会、一个团队中人人怕吃亏，个个想占先，肯定会彼此结怨生仇，互相拆台，拒绝合作，这个社会、团队就会失去“人和”，纵有再多的好机会也不会发展。而对于个人而言，置身于这样的环境中，人际关系压力大，工作不顺心，矛盾与冲突频频发生，不仅事业无成，甚至会因为气怒交加，染上疾病，损害自己的健康。

浙江的商人中流传着这样一句俗语：“宁可做蚀，不可做绝。”华人首富李嘉诚也说过：“有时看似是一件很吃亏的事，往往会变成非常有利的事。”这就是吃亏是福。

东汉的太学博士甄宇为人谦让、忠厚。一次，光武帝把西域进贡的一群活羊赐给了都城官吏，要他们每人分得一只。负责分羊的人为此伤透了脑筋：这群羊大小不一，肥瘦不均，怎么分才能做到公平呢？于是，大家纷纷出主意。有人主张把羊全部杀掉，平均分配。有人主张抓阄，好坏全凭运气。甄宇说：“分羊其实十分简单。大家随便牵一只羊走不就可以了吗?”说着，他牵了一只最瘦小的羊走了。看到甄宇牵走了最瘦小的羊，其他人也不好意思去牵最肥壮的羊，于是，大家都牵那最小的羊。很快，羊都被牵光了。大家都没有怨言。

后来，光武帝知道了这件事，称赞甄宇为“瘦羊博士”。不久，群臣推举甄宇为太学博士院院长。

虽然甄宇牵走了小羊吃了一次亏，但是，他却因此获得群臣的拥戴和皇上的器重。由此看来，甄宇是吃了一个小亏，得了大便宜。由此看来，这个世界上没有白吃的亏，付出了就会获得回报，如果你与别人过于斤斤计较，往往会因此而得不到他人的支持，从而失去了人心。只有胸怀宽广一些，从长远的角度思考问题，那么吃亏实际上就是一种投资，必然会给你的事业带来滚滚红利。吃亏就是福呀!

所以商人们常常说，“钓鱼需长线，有赔也有赚”。我们对于人生中的得失，一定要站得高，看得远，千万不要“只见锥刀末，不见凿头方”，只顾一时的利益，从而失去长远的利益。故意吃亏不是亏，而是有着深谋远虑的精明之举。吃小亏占大便宜，古今皆然。

如果你能够平心静气地对待吃亏，表现自己的肚量，往往能够获得他人的支持和青睐，获得成就事业所需要的人脉资源，从而获得事业上的成功。

以爱容人，饶人之过

二十多年前，杰克·韦尔奇在与另外两位副董事长竞争美国通用电气首席执行官的位子。在杰克·韦尔奇最终获胜执掌通用电气之后，一位职员向他递交了一封辞职信。韦尔奇问他为什么辞职。他说："因为我原先支持的是另外一位候选人。"在他看来，既然自己当初没有选择韦尔奇，现在最体面的做法就是自动辞职，否则很可能会遭受韦尔奇的报复。韦尔奇对他说："我对此无所谓，把辞职报告撕掉滚吧！"这位职员后来成为通用电气最重要的高级主管之一。

"宰相肚里能撑船"。宽容是送给宽容者和被宽容者的礼物。许多领导者之所以在工作中心如油煎、异常烦躁，就是因为他们不懂得用宽容别人来使自己的内心获得平静，使自己保持快乐的心情去工作。作为领导者最重要的管理艺术就是要学会宽容，一方面宽容别人可以化解心中的伤害和痛苦；另一方面宽容是一份礼物，可以让得到的人感到被接纳的喜悦，从而更加从内心里尊重你，忠诚你，追随你。

1998年，伊利副总裁牛根生突然被总裁郑俊怀扫地出门。原因是二人在战略上发生了分歧：郑俊怀的战略思想是稳中求升，而牛根生的战略思想却是大胆挺进。通常那些被免职的人往往对炒自己鱿鱼的老板破口大骂，可是牛根生始终对郑俊怀保持着尊重，总是“郑大哥长郑大哥短”。他甚至说：“没有郑俊怀，就没有现在这个模样的牛根生。”

2005年2月的一天，郑俊怀的妻子薄香女向牛根生求助：女儿留学学费不足，想借20多万元。一般来讲，郑俊怀家缺钱，最不可能的求助对象就是牛根生。因为蒙牛和伊利、郑俊怀和牛根生一直处于一种水火不容的竞争地步。然而，薄香女已经求了一圈人，万般无奈，才找到了牛根生。牛根生当即与同样来自伊利的几位蒙牛高管人员一共凑了30万元（其中，牛根生出了10万元），送到了薄香女手中。也正是牛根生这种宽容的态度、坦荡的胸怀获得了兄弟们的紧紧追随，使得他能够在创业初期一呼百应，获得了人们普遍的大力支持。

大着肚皮容物，立定脚跟做人。牛根生说：“好心态才有好状态。”好心态就是“平和，平稳，平衡；从容，宽容，包容”。宽容多一些，会使你赢得兄弟们的忠诚和追随，并且因此而赢得更多的合作伙伴。

有一次，胡庆余堂的一个采购员把豹骨误为虎骨买了进来。进货阿大认为这个采购人员平日做事很牢靠，未加复查就把豹骨入库备用。后来有个副档手向胡雪岩告发了。胡雪岩查实真相后，命令将豹骨全部销毁。进货阿大因自己失职而羞愧地递交了辞呈。不料，胡雪岩却安慰道：“忙中出错，在所难免，以后小心就是。”相反，胡雪岩却辞退了那位副档手。因为他认为副档手发现伪药不向进货阿大汇报属于渎职，而背后打“小报告”更是心术不正，继续使用此类人，定会造成员工与领导者的矛盾和隔阂。正是由于胡雪岩坚持善任厚待、宽严相济的用人方针，使得自己获得了一批优秀人才的追随。

陈安之说：“世界首富非常了解——管理要严格，但最有力的管理，要用真心，要用爱心。”古代先贤也告诫我们：“量小非君子，品高是丈夫。”只有懂得宽恕，能以宽阔的胸襟待人的领导者才能够获得更多人的尊重和追随。

4. 让居功自傲的兄弟佩服你

当企业走过了创业的艰苦岁月后，进入平稳的发展阶段时，创业团队的成员往往会有一种“天下是我打下来的”自傲自满和舍我其谁的心理。如何面对这种居功自傲的员工，是企业的领导者所必须解决的管理难题。墨子说过，**良马难乘，然可以任重致远；良才难令，然可以至君见尊。**虽然这些居功自傲的兄弟会让你感到头疼，但是你千万不要忘了他们是你的核心竞争力。正是有了他们的支持，你才开辟了自己的事业。对于这些居功自傲的兄弟们一方面要有宽容的胸襟，另一个方面还要做到未雨绸缪，防患于未然。其实管理那些创业元老的根本方法在于预防。

首先，要强化企业内部的专业分工。因为一方面专业化的分工既可以提高工作效率，降低工作难度，另一方面当分工比较细化时，个人对企业整体工作的影响就会相对地减弱，员工也就没有了居功自傲的资本。而专业化分工的一个特点就是因人而异，用人所长。

唐太宗就善于针对每个人的特长为他们分配工作。房玄龄善于处理行政事物，且能够做到孜孜不倦，彻底执行。于是太宗任用房玄龄为中书令，掌管国家的军令、政令，阐明帝事，调和天人。魏征喜欢对任何事情都评头论足，提意见。于是唐太宗任用魏征为谏议大夫，专门向皇帝和大臣们提意见，指出君臣的过失。李靖文才武略兼备，出去能带兵，入朝能为相，太宗就任用李靖为刑部尚书兼检校中书令，掌管全国刑法和政令。房玄龄、魏征、李靖分工合作，共同为唐太宗创立了贞观盛世。

其次，要建立一种有利于员工成长的人才选拔、业绩考评机制。在创业初期领导者就应该确定企业的用人和提拔标准，确定一种不是按资历而是按能力分配岗位和晋升的人才使用制度，为新员工营造广阔的发展空间。严格、完善的人才选用、培养制度有利于预防创业元老的居功自傲意识。我国古代就已经建立了比较健全的人才选拔制度。比较典型的有汉代的察举制、魏晋南北朝的九品中正制、唐代以后的科举制。这些人才选拔制度的特点是以诗赋取士，学而优则仕，人才选拔以考试为主，辅之以察举。况且科举考试不论出身贵贱，公平竞争，唯才是举。这使得“朝为田舍郎，暮登天子堂”成为可能。而现代企业在选拔人才的时候也要遵循不拘一格选人才的原则。

第三，要注意员工们的情绪变化和关注他们的个人需求。特别是那些具有一定能力和特长，并且在自己的岗位上作出了一些贡献的人。这些人因为有特长，又取得了一些成绩，他们很容易产生居功自傲的思想。最好的方法就是让他们感到无功可居、无才可傲。也就是说要赋予其更大的责任、更具有挑战性的工作，让他们总是感到自己的能力还有待提高，自己做得还不是最好。当然对于那些能够在工作中取得成绩的员工也不要忘了给予与其成绩相适应的荣誉、奖赏和职位。领导者在管理这些企业功臣时可以采用以下方法：

1. 可以让其出任企业的某一高级管理职位，只按照岗位描述中的工作内容与权责范围分管工作，其他非权责范围的工作一律不过问。

2. 对于年龄较大的创业功臣挂虚职给高薪，实行退养，不让其干预企业的任何事务。

3. 让年轻的创业功臣再开辟一个新的事业部门，赋予足够的资源和权力。

加盟健力宝几个月后，李宁向李经纬提出，想办一家体育服装厂。李经纬不仅没有拒绝，而且自己主动投资，还陪着李宁出外游说，寻找投资者。最终李经纬的大力扶持成就了李宁这一著名的服装品牌。

事实上在管理那些居功自傲的员工的时候，最大的挑战不是来自那些居功自傲的员工，而是领导者自己，领导者是否有容人的雅量和宽阔的胸怀。领导者不要忘记当初带领兄弟们创业的初衷是什么，兄弟们跟着你辛苦一场，不就是为了“大碗喝酒，大块吃肉，大秤分金”吗？《茶花女》书中有一句名言：“金钱是好仆人、坏主人。”金钱乃身外之物，是生不带来死不带去的，你又何必守着金山银山不与兄弟们分享呢？因此对待你那些居功自傲的兄弟们必须要有一种宽容的心态。当企业发展到了一定规模的时候往往需要在其他地方开办分支机构，或者需要与其他厂家配套生产，你何不让自己的那些功臣去独当一面，去展现他们自己的才华呢？或者给你的创业功臣们一个施展自己才能的平台，一个发挥自己能力的机会。因为让他们当老板，还能让他们也体验老板的艰辛，理解老板的思路，这样以往的冲突都会化解。商场上没有绝对的权威，都是平等的。所以要相信你的兄弟。让你的兄弟多挣钱，你的兄弟会因此而感激你。一定要记住，怕自己的兄弟挣钱的老大不是好老大。

5. 留住兄弟们的心

1961年，杰克·韦尔奇来到通用电气才一年，还只是一名普通的工程师。当时伊利诺斯州国际矿产化工公司约请他加盟。于是他向部门负责人鲁本·古托夫递交了辞职信。鲁本·古托夫非常喜欢这位与众不同的年轻人。因此，他想知道是什么原因让韦尔奇萌生去意，并且决定要不惜一切代价来留住这位优秀的工程师。他邀请韦尔奇夫妇共进晚餐，真诚地询问韦尔奇对于公司的意见和建议，以及离职的原因。原来韦尔奇觉得通用电气的官僚主义让人窒息，平均主义式的加薪更使胸怀大志的他觉得屈辱。因为他发现一个办公室里四个人的薪水居然完全一样。于是他不得不接受了另一家公司的聘请。古托夫足足花费了4个小时说服韦尔奇留下来。古托夫诚挚地表示，保证韦尔奇今后不会再受官僚作风的困扰，并将尽可能地为韦尔奇创造一个宽松的工作环境。古托夫恳求道："相信我，只要我在公司一天，你就能利用公司最好的资源进行工作，那些让你烦恼的玩意儿将离你远远的。因为把你留下来比什么都重要。"韦尔奇终于答应留在通用电气。数年后，韦尔奇带领通用电气发展成为全世界最有实力的公司。

时至今日，鲁本·古托夫总是充满自豪地回忆说："留住韦尔奇是我今生最成功的杰作，因为留住了韦尔奇，才留住了通用电气今天的辉煌。"

2004年时，北大国际MBA、光辉国际在对350多名企业高层、中层领导者进行的一次调查中发现，在这些企业高管中有高达53%的人表示在今后两年内很可能或可能离开公司。《中国人才悖论》白皮书称，由于求大于供，现有跨国公司员工的流动率正在上升，尤其在管理层级别，中国企业的员工流动率比全球平均水平高出了25%；而智联招聘则发现，**由于公司激励没有达到效果，2007年23.7%的职场人希望自己创业以实现价值**。在市场竞争日趋激烈的情况下，如果企业不能留住自己的高管人才，特别是对企业的发展起着决定性作用的骨干力量，必然会影响公司的发展速度。这应该引起企业领导者的极大警觉。

女人无所谓正派，正派是因为受到的引诱不够；男人也无所谓忠诚，忠诚是因为背叛的代价太低！在网络上流行的这句话告诉了领导者要留住和你一起打拼过的兄弟，留住那些核心员工，就不能在薪酬待遇以及与兄弟们分享企业成果方面表现得过于吝啬。许多事实表明，重赏之下必有勇夫。只要你付出足够的薪水，你就可以获得并且留住优秀的人才。

清朝末年，绿营守兵月饷一两，绿营步兵月饷银一两五钱，绿营马兵月饷二两，皆月支米三斗。这一点微薄的兵饷在清朝初年尚可以勉强维持生活，而在米价飞涨的清朝末年绿营兵饷已无法维持五口之家的食用。因此绿营兵只有离营做一些兼职，才能解决温饱问题。这样一来大家都忽视了作战训练，以至于战斗力低下。另外那些贪婪的绿营军官还常常克扣军饷或者冒领军饷……

曾国藩正是因为看到了绿营兵在管理上的失败，所以他在办团练的时候就规定了与当时物价相适应的饷银标准，以保证从军官到士兵能够安心操练，提高军队的战斗力。当时湘军的饷银标准如下：操练日给予一钱；出征本省“土匪”，每日一钱四分；征讨外省“土匪”，每日一钱五分；养伤银上等三十两、中等二十两、下等十两，阵亡恤银六十两，征“土匪”减半；而队长、哨长的饷银依次递增。这样算下来湘军的饷银几乎是绿营兵的三倍或者三倍以上。当时湘军的营官饷银每月二百两，分统、统领带兵三千人以上者每月为三百九十两，五千人以上者五百二十两，万人以上者六百五十两。就是曾国藩本人也不得不承认“章程本过于丰厚”。

正是曾国藩坚持了厚饷养兵的政策，使得湘军士兵的饷银不仅可以满足个人的生活需要，还可以补贴家用，因此湘军士兵都能够安心操练。“当兵——卖命——发财”，这厚饷养兵使得一些湖南的贫苦农民看到了改变自己生活的希望，于是纷纷踊跃参军，湘军也因此成为一支骁勇善战的部队。

有数据显示，当一个老员工离职后，企业从找新人到顺利上手，其替换成本是离职员工薪水的1.5倍到2.5倍，而那些优秀人才的替换成本则更大。因此，留住人才是企业越来越关注的问题。兄弟们之所以跟随你，绝不会是仅仅为了一碗饭，而是为了有朝一日能够钟鸣鼎食、衣锦还乡。因此作为企业的领导者一方面要在满足企业的发展和力所能及的条件下给自己的兄弟们丰厚的薪酬，另外还要懂得使用更多的人性化的福利和奖赏机制来激励兄弟们高效工作。

当年，胡雪岩之所以把生意做到了大江南北，就是因为他很会用钱来收拢人心。他对于没有资本的伙计，采取红利均沾、年底分红的方式，让其与自己一起分享生意的成果；对于那些有本钱的伙计，则采取入股合伙的方式，让他们做股东；对有功劳者，特设永久性的“功劳股”，即从赢利中抽出一份特别红利，专门奖给对胡庆余堂有贡献的人。功劳股的获得者分享股息红利一直可以持续到本人去世。一次，胡庆余堂相邻的商店失火，火势迅猛，几乎要扑向胡庆余堂门前的两块金字招牌。孙永康急中生智用一桶冷水将全身淋湿，冲进火场，抢出招牌，可是他的头发、眉毛却都让火烧掉了。胡雪岩为了对孙永康这种以店为家的精神表示嘉奖特意给了他一份“功劳股”。

当然，在企业管理中我们常常会遇到一些特殊问题，尤其是自己的核心员工常常面临着被别人挖墙脚的危机。因此对于那些核心员工企业领导者要采取非常措施。

针对游戏行业，高级人才频繁跳槽、“挖墙脚”之风愈演愈烈的现象，巨人集团史玉柱的做法是：重点技术人员不受公司级别制度限制，只要技术能力强，就不怕付出高额报酬。史玉柱要让研发人员感到，企业给他们的报酬绝对是在整个行业居于前列的。在《征途》开发过程中，史玉柱出手颇为大方，给整个研发团队开出了很高的工资。就连其中的一位高管也承认，征途优秀研发团队在当时的薪水、所占期权与同行业相比是非常高的。

另外，史玉柱对游戏研发团队非常重视，亲自了解每个研发成员的情况，根据他们不同的特点分派不同的工作。由于网络游戏的研发人员本身就是游戏玩家，年龄普遍较小，因此史玉柱为研发团队制定了严格的管理制度。比如对于游戏开发进度的保密问题，史玉柱要求研发团队不能透露半点信息。曾经参加过游戏开发的一位高管谈到这个问题甚至开玩笑说："比国家安全局的保密性还要强。为了保密，在研发过程中不能上网，不能打手机，不能与外界联系。"年轻的游戏设计员常常好玩游戏，于是史玉柱就和研发团队一起玩游戏。他经常在每天凌晨三四点发现游戏中的问题，然后打电话给研发团队要求修改。与研发团队一起工作，一起打拼，使得史玉柱与研发人员做到了有效沟通，有了更多的共同语言，让团队成员感到史玉柱不仅是自己的老板，更是拥有共同兴趣的朋友，从而让研发人员感受到一个商界领袖的魅力，从而产生对企业的热爱。

6. 让兄弟们永远追随你

怎样让你的兄弟们永远追随你呢？联想控股总裁柳传志在介绍领导者如何争取员工的追随时说，领导者首先要“人行得正”。他说：“在公司里面，我对他们要求挺严格，大家还都信我，甚至离开公司的人，想自己发展的人，也不会出去说联想不好。这其中，我觉得有一点很重要，就是决不搞宗派，决不给自己谋私利。不仅是不谋私利，对人处事还要公正。今天我把A训了一通，明天当他发现，其他人犯了错误也一样挨训的时候，他就不会感到委屈。”

让你的兄弟们追随你，以身作则、身先士卒是第一重要的原则和措施。柳传志说：“公司成立时有10个人，但因资金不足，无法按他们的工作量发放薪水。要使人们团结，凝聚在一起，只能由我来做榜样。所以我做很多事，却拿得很少，这样一来别人也就跟我学了。从企业成立到现在，我一直以企业利益为优先。而且我做企业，从没有做过拉山头的事。因为没有派系，也就没有‘谁的人’这样的问题了。”

在抗日战争时期，中国远征军奉命随西路盟军一起撤退，孙立人将军带领远征军的新38师的两个连担任撤退掩护任务。一天，孙立人的部队与日军遭遇，发生激战。孙立人率领一个连队先撤离了大桥，连长叶英周带领另一个连队负责殿后。可是日军火力太猛，叶英周的连队无法动弹。如果敌人援军到来，叶英周的连队就会全军覆没。此时西路盟军的英军已经在桥上埋好炸药，英军上校企图炸毁大桥，牺牲一连的中国官兵，来保护自己。孙将军闻讯，怒斥英军上校，亲自带一个排留守桥头，用轻重机枪压制敌军，接应叶英周的连队。直到确认官兵全部撤离，孙将军才下令炸桥。在历次战斗中，孙立人将军都是带头冲锋陷阵，他所带领的新一军在历时两年的第二次缅战中，共击毙日军3个联队长以下3万3千余人，伤日军7万5千余人，俘虏大尉以下323人。缴获大炮186座，战车67辆，汽车552辆，攻取公路646英里。在西路盟军中，没有任何军队的战绩能和孙立人的新一军相比。

让你的兄弟们追随你，就要善于发现他们的才能和潜力，让他们能够充分发挥自己的才智，在自己的岗位上为企业作出最大的贡献。可是一些领导者在选人才的时候先看其背景，再查其专业，还要看他的经验和已有的成就。这样的胸怀、眼光和这样的方法已经决定了他们事业的前途不会有什么辉煌出现。选人其实不仅要看其过去，更要看到他的发展潜力。只有用一种发展的、不拘一格选人才的眼光才能够真正发现那些有用之才。得人先要察人，察人缺乏眼光，用人缺乏气魄，御人缺乏谋略，这样的企业最终会在风雨飘摇之中无人相助。

汉武帝时期的著名将领卫青最初仅是一名马夫，而且是被人们所鄙夷的私生子。然而汉武帝从他行走的姿态和言语的条理中发现了其成为军事领袖的潜力。汉武帝不仅重用提拔，而且将平阳公主嫁给他。而卫青也终于不负圣恩，很快成长为一位杰出的军事家。他攻占高阙，进军陇西，使得汉王朝控制了整个河套地区。卫青在抗击匈奴的战役中立下了汗马功劳，他的功劳成就了汉武帝的事业。许多人都认为是汉武帝的雄才大略、文治武功才使汉王朝成为当时世界上最强大的国家，其实很少有人知道他的军事功勋就开始在他看到一名马夫的一瞬间。

另外，让兄弟们跟随你还要让兄弟们感到快乐。孟子曰："独乐乐，与人乐乐，孰乐?"齐王曰："不若与众。"作为老大哥，不仅要和兄弟们分享你的快乐，还要为他们创造一个快乐的工作环境。

"让员工快乐，我们才能得到顾客的微笑，最终我们的公司才能赢利赚钱。"蔡绪锋一语道破泰国 7-11 连锁便利店解困的秘密。企业要给员工创造一个快乐的工作环境，员工才能够为客户提供最好的服务。蔡绪锋认为，企业的领导者不能让员工们都很紧张地、不快乐地度过工作中的 8 小时，而要通过人性化管理，让公司 3 万多人快乐，不只是店员，而且每一个管理层级的人，直到他自己，也该如此。蔡绪锋坦诚地说："如果说我回到家里，有时还要与太太吵架。但回到公司就不会和员工吵架。在公司里，大家一起工作、讲笑话、下围棋、打乒乓球……"蔡绪锋认为人性化管理就是既能让企业和员工都赚钱，大家又工作得比较愉快。

要让员工感到快乐，就要杜绝以下这样几种行为和现象：

1. 领导者重用那些喜欢献媚、拍马屁的人，或者纸上谈兵的人；

2. 员工对于个人的工作角色认识模糊、角色冲突和角色超载；

3. 企业人才流失；

4. 企业内部缺乏有效的沟通；

5. 个别领导者有投机行为；

6. 领导者短视，员工业绩不好就急于换人；

7. 企业的员工绩效考评制度有待完善；

8. 员工在现任岗位上缺乏工作的成就感；

9. 对企业的发展战略不认同、对管理层失去信心。

让兄弟们追随你，就要关心你的兄弟们，让他们感到你不仅是他们的领导，更是注重情谊、关心小弟的大哥。但是有一点不要忘记，绝不能把兄弟情谊和企业管理混为一谈，更不能因为某一个兄弟为企业作出了贡献，你这位大哥就可以为他法外开恩。那样你就会为了一个兄弟不受委屈，而寒了其他兄弟的心，从而毁了企业的根基，造成企业人情大于制度的人治现象。

任青在某企业任高管。他手下的一位老员工因为违规使用企业资金，被他开除了。一些老员工纷纷为其求情，因为被开除的老员工的妻子下岗了，孩子正上大学。如果他被开除了，会让他整个家庭陷于贫困的。但是任青却坚决要执行制度，开除老员工。因为为了这个员工破例，就会影响企业制度的严肃性和权威性。最后，任青自己掏腰包，给了老员工5000元钱，作为补偿。同时，他还为老员工在朋友的公司找了一份新工作，以解决老员工一家的生活问题。

我们在研究了很多成功企业家的案例后发现，那些能够获得兄弟们忠诚和追随的领导者往往具备以下特征：

第一，即使你不在办公室，兄弟们也知道你期望他们做什么。而不是每个人待在那里等着领导者的具体指示，一旦领导者不在就无所事事。

也就是说领导者非常注重工作的计划性。团队工作完全是在领导者的掌控下有计划、有步骤地进行的。领导者授权每个人去从事自己最为擅长的工作，并且与同事密切配合。每个人都获得了领导者的信任和支持，并且有自己处置工作中问题的权力。

第二，当你回到办公室，兄弟们会主动告诉你他们都在做什么工作，已经达到了什么效果，距离团队的目标还有多远。而不是兄弟们都仿佛老鼠见了猫似的躲着你，害怕你询问他们的工作。

也就是说领导者已经建立健全了一个信息沟通机制。不仅能够把领导者自己的意图、计划及时地传达给员工，而且能够及时地收集来自一线岗位的信息反馈。团队成员的及时汇报，能够使你及时地了解工作中的问题，并且及时地采取应对措施。当然，汇报工作不一定非要面对面，可以采取电子邮件、即时聊天工具等进行。而且你也可以通过及时的沟通，对自己的员工进行指导，以提高他们的能力和水平。

第三，在你召开例行会议时，兄弟们会无所拘束地畅所欲言，对于企业的未来、工作中的问题各抒己见。如果会议上只有你自己发言，而兄弟们却噤若寒蝉，则有可能你太过独裁。

虚心地倾听来自一线的意见和建议，会让你的决策更加科学和更加符合实际，会使你的企业发展得更好。

第四，企业中很少会有人嚼舌、打小报告。而不是人人自危，陷身于谣言和绯闻之中。

这意味着领导者要及时地把企业中发生的问题和变化告之兄弟们，处理事情做到公开、公正、公平。只有以坦诚的态度对待自己的兄弟，并且听取他们的意见，才会消除他们心中的疑虑和不安，使他们安心于工作。杰克·韦尔奇说："我们希望人们勇于表达反对的意见，呈现出所有的事实真相，并尊重不同的观点。这是我们化解矛盾的方法。良好的沟通就是让每个人对事实都有相同的意见，其目的在于创造一致性。"

当然，企业对于那些造谣生事、搅浑水的、居心叵测的人要严惩不贷。

第五，每一位兄弟都能够像你一样热情地服务客户，每一位兄弟都能够彼此尊重，成为最好的兄弟。而不是兄弟之间拔刀相向。

这意味着你必须在各个方面给自己的兄弟确立一个适当的标准，而且能够公平地对待每一个兄弟，而不是戴着有色眼镜看人，或者厚此薄彼。

第六，在收到你的负面反馈后，兄弟们不会感到生气或觉得震惊，而是能够与你就工作中的问题坦诚地交换意见。

这就要求你和兄弟们进行充分的交流，并且保持一种尊重兄弟和认可兄弟的态度。同时你要能够和你的兄弟坦诚相见，而不是心存芥蒂。

第七，当出现人手不足的情况时，兄弟们会主动为你推荐一些适合的人才，几乎没有哪位兄弟愿意离你而去。

这意味着你不仅要在兄弟们中树立自己的威信，更重要的是发挥自己的人格魅力，吸引兄弟们追随自己并继续工作。因为你不仅是一个好的领导者，更是一个好大哥，能够为兄弟们的职业成长提供支持和关心，实现兄弟们和企业的共同成长。

附：

企业家失败的主要原因

联想控股总裁柳传志认为企业家失败的主要原因有以下三个方面：

一是没有把目标想清楚。有很多企业家做企业，做着做着就想向政治靠拢了，有心参与政治，结果却把企业做死了；

二是一些企业家拿了不属于自己的东西，侵犯了股东的，甚至是国家的利益；

三是把长跑当成了短跑。企业成长犹如跑步，倘若一万米有25圈，有的企业家为了得到大家的注意和眼前的利益，前5圈拼命发力领跑，力气很快用完，5圈之后便退了下来。

三、北京大学精细化管理研究中心专家耗时5年研发出来的实用性、操作性极强的30种《精细化管理工具手册》：

1.《战略制定过程中的减法策略》
2.《战略指导下的年行事历》
3.《360全维度营销》
4.《销售漏斗与信息喇叭》
5.《新产品上市流程》
6.《顾问式渠道业务会谈》
7.《市场策划部的8大功能》
8.《大客户项目管理的10个里程碑》
9.《经销商大会的4个核心环节》
10.《经销商协议的完备附件》
11.《员工招聘8步法》
12.《从优秀员工到管理者的能力提升模型》
13.《知识工作者管理的3大原则》
14.《岗位明晰鱼刺图》
15.《工作绩效的因素权数考核法》
16.《员工离职管理的12个要点》
17.《总经理财务思维7个核心观点》
18.《简明企业预算》
19.《如何通过现金流发现企业危机》
20.《读懂财务报表速成》
21.《采购管理的三权分立》
22.《分公司和办事处的审计及执行办法》
23.《进度表和甘特图》
24.《管制图的制作及其应用》
25.《商标、专利、品牌等的建设要点》
26.《总经理的授权管理及时间管理》
27.《总经理办公会的管理》
28.《企业例会的设计及组织》
29.《一页纸的商业计划书》
30.《鱼缸管理技术》

四、3天2夜精细化管理特训营的16个模块安排

模块序号	训练内容
模块1	经典案例分享
模块2	精细化管理体系讲解
模块3－14	12种高管管理技术训练
模块15	专家答疑
模块16	主教练点评

五、精细化管理特训营主教练简介

汪中求：北京大学精细化管理研究中心主任

主要著作：《细节决定成败》

《精细化管理》

《营销人的自我营销》

《1750－1950的中国》等